태재의 일년

우리는 무엇을 배웠나

태재의 일년
우리는 무엇을 배웠나

태재대학교 1기 학생

**TAEJAE
University
Press**

차례

핵심(核心): 혁신기초학부

Creative Thinking and Problem Solving
김수용 · 김혜인 013

Critical and Rational Thinking
김혜인 · 박재홍 025

Diversity, Empathy, and Global Citizenship
박재홍 · 차윤민 039

Motivation and Self-directed Learning
김혜인 · 차윤민 057

Data Analysis and Storytelling
김수용 · 김혜인 · 차윤민 · 최민우 083

Human Communication
김수용 · 김혜인 101

Judgment and Decision Making
차윤민 · 최민우 115

Leadership and Collaboration
김세준 · 박재홍 127

Navigating Social Systems
김혜인 · 박재홍 139

Sustainability and Equity
김수용 · 최민우 153

Innovation Foundation

핵심(核心)
혁신기초학부

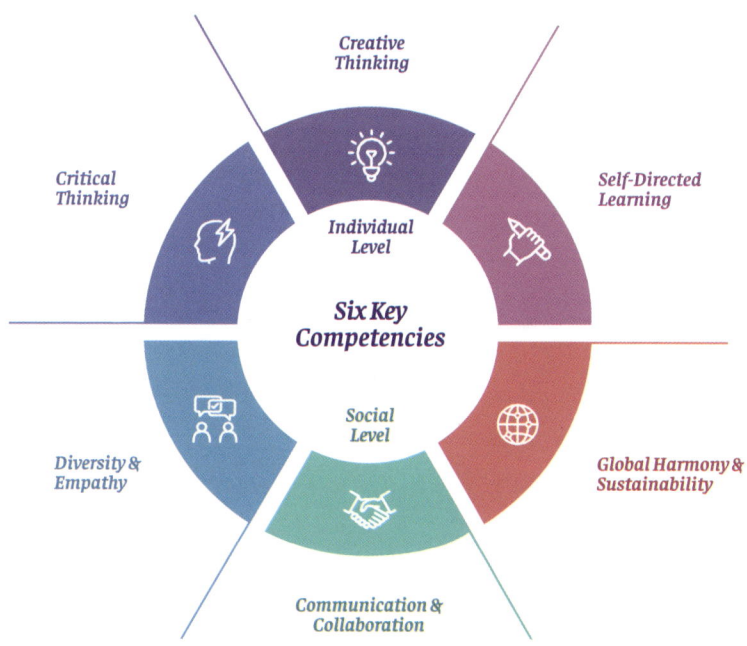

혁신기초학부

김수용 · 김혜인 · 박재홍 · 차윤민 · 최민우

혁신기초학부Innovation Foundations, IF는 단순히 지식을 배우는 것에서 나아가 지식을 효과적으로 습득하고 스스로 활용할 수 있는 기초 역량을 키우는 데 중점을 둡니다. 학생들이 어떠한 고민을 했고, 어떤 성장을 이루었는지, 그리고 지금은 어떤 생각을 품고 있는지까지 그 여정을 함께 경험해 보시기 바랍니다!

주요 용어

브레이크아웃 그룹활동 Breakout Group Activity, BOG
20~40분 동안 진행되는 소규모 토론

러닝 아웃컴 체크 Learning Outcome Check, LOC
학습내용을 체화시키기 위한 다양한 형태의 프로젝트형 과제

강의 목록

Creative Thinking and Problem Solving
창의적 사고와 문제해결

Critical and Rational Thinking
비판적 사고와 합리적 사고

Diversity, Empathy, and Global Citizenship
다양성, 공감, 글로벌 시민의식

Motivation and Self-directed Learning
동기부여와 자기주도학습

Data Analysis and Storytelling
데이터분석과 스토리텔링

Human Communication
대인 커뮤니케이션

Judgment and Decision Making
판단과 의사결정

Leadership and Collaboration
리더십과 협업

Navigating Social Systems
사회시스템 탐색

Sustainability and Equity
지속가능성과 형평성

Great Harmony

Creative Thinking and Problem Solving

김수용 · 김혜인

이 과목은 창의적 사고방법을 활용하여 문제를 해결하는 방법을 다룹니다. 수업은 창의성과 창의적 문제해결 과정에 대한 토론으로 시작합니다. 학생들은 새롭고 혁신적인 아이디어를 만들어내는 다양한 방법을 배우며, 그중 가장 유망한 아이디어를 선별하는 방법을 익힙니다. 마지막으로, 편견이 창의적 사고과정을 방해할 수 있는 방식을 고찰하고, 이를 극복하여 더 효과적으로 문제를 해결하는 방법을 모색합니다.

주요 학습 목표

1. 창의성과 창의적 문제해결의 특징을 이해하고 설명할 수 있다.
2. 문제를 명확히 하고 잠재적 해결책을 도출하는 방법을 분석하고 적용할 수 있다.
3. 문제해결을 위한 다양한 방법을 분석하고 적용할 수 있다.
4. 창의적 사고를 저해하는 편견을 식별하고 이를 극복하기 위한 전략을 수립할 수 있다.

문제해결을 위한 생각의 도구, 창의적 문제해결

김수용 이 수업에서 저희는 창의적인 사고를 통해 문제해결책을 도출하는 방법을 배웠습니다. 단순히 이론을 배우는 것이 아니라 다양한 기법을 직접 적용해 보면서 문제해결 능력을 키웠습니다.

김혜인 특히 문제를 정의하고, 아이디어를 생성하고, 그중에서 최선의 해결책을 선별하는 과정을 체계적으로 배웠습니다. 이는 향후 우리가 직면할 다양한 상황에서 큰 도움이 될 거라고 생각합니다.

생각의 기법: 포스 피팅 & 스캠퍼

김수용 브레이크아웃 그룹활동 BOG에서 창의적 사고기법을 배우고 직접 적용해 본 것이 인상적이었습니다. 예를 들어 포스 피팅 force fitting 기법으로 의자 디자인 개선안을 내봤는데, 정말 독특한 아이디어들이 쏟아졌습니다. 포스 피팅은 무관해 보이는 개념들을 억지로 결합해 창의적 해결책을 찾는 방식입니다. 의자와 스시를 결합해 쿠션을 푹신하게 하거나, 표면을 밥알처럼 오돌토돌하게 디자인하는 식입니다. 주변의 문제를 해결할 때도 정말 연관성이 없어 보이는 요소와 의도적으로 결합해서 생각해 보면 되게 좋은 아이디어가 생길 수 있다는 것을 배웠습니다.

김혜인 애플워치 개선방안을 고민할 때는 스캠퍼 SCAMPER 기법이 도움이 되었습니다. 스캠퍼는 대체, 결합, 적용, 수정, 다른 용도, 제거, 재배열의 7가지 틀로 기존 제품을 창의적으로 업그레이드하거나 새 아이디어를 내는 브레인스토밍 도구입니다.

주방 칼과 결합해 칼질할 때 수치를 보여주게 하거나, 스크린이나 특정 기능을 극대화하거나, 모양을 바꾼다거나 하는 식으로 다양한 제안이 나왔습니다. 심지어 아날로그시계 소리를 담아 감성을 더하자는 의견도 있었습니다. "애플워치 개선해 보세요"라는 막연한 주문 대신 스캠퍼처럼 구체적인 가이드가 있어 다채로운 아이디어를 낼 수 있었습니다. 이런 방법론을 통해 아이디어생성 프로세스를 체계화할 수 있다는 것을 깨달았습니다.

메타버스 활용 백서

김수용 태재대학교 메타버스 캠퍼스 개선이 기말 프로젝트였습니다. 창의적 문제해결 Creative Problem Solving 절차를 밟아 캠퍼스를 실용적이고 학생친화적으로 만드는 방안을 모색했습니다. 먼저 메타버스 현황과 학생 요구를 분석하고, 데이터를 기반으로 문제를 정의했습니다. 그리고 브레인스토밍, 포스 피팅으로 아이디어를 냈습니다. 특히 파이브 와이즈 5 Whys 기법으로 "왜 학생들이 메타버스 캠퍼스를 안 쓸까?"를 깊이 파고들었습니다. 시간은 걸렸지만 매우 유익했습니다.

김혜인 포스 피팅으로 영화 <인사이드 아웃>에서 영감받아 메타버스 캠퍼스에 '기억의 구슬' 개념을 적용하는 아이디어가 나왔습니다. 학생들의 경험을 시각화한 '아카이브'를 만드는 것이었습니다. 어트리뷰션 리스트attribution list 기법으로는 전혀 예상 못한 조합의 독특한 제안들이 쏟아졌습니다. 각 아이디어의 장단점을 분석한 끝에 '메타버스 내 아카이빙 플랫폼'을 최종 선택했습니다.

수업, Global Engagement Tour, Civic Project와 연계해 학생들이 창작물을 공유하고 영감을 주고받는 공간입니다. 학생들의 창의적 활동과 메타버스 참여를 동시에 끌어올릴 수 있을 거라고 생각했습니다. 이 프로젝트는 수업에서 끝나지 않고 방학 동안 계속 발전시켜 '메타버스 활용 백서'까지 만들었습니다.

일상 속에서의 포스 피팅과 파이브 와이즈

김혜인 친구들과 리움미술관에 갔을 때 작품들을 포스 피팅 관점에서 봤습니다. '작가가 어떤 두 개념을 결합해 이런 작품을 만들었구나' 하는 생각이 들면서 새로운 아이디어가 떠올랐습니다.

실생활에서 가장 많이 사용한 기법은 파이브 와이즈입니다. 물론 5번까지 가진 않더라도 보통 3번 정도 '왜?'라고 물어보면서 근본원인을 찾으려고 노력했습니다. 예를 들어 BOG가 재미없다고 느낄 때, '왜 재미없을까?', '왜 학생들이 준비를 잘 안 해올까?' 등의 질문을 연속해서 하면서 문제의 본질에 접근하려고 했습니다.

스스로의 사고방식에 대한 자가진단

김혜인 이 수업에 대해 "너무 당연한 걸 배우는 거 아냐?"라는 의견도 있었습니다. 우리가 일상에서 자연스레 하는 걸 굳이 수업에서 배워야 하냐는 것이었습니다. 하지만 지금 생각해 보면, 이 수업은 우리가 무의식적으로 하고 있던 사고과정을 체계화하고 개념화한 것을 배우는 과정이었습니다. 인간이 자연스럽게 하는 사고를 누군가가 정리해서 하나의 개념으로 만든 것을 학습한 것입니다.

지금은 이런 개념들이 당연하게 느껴질 수 있지만, 앞으로 더 많은 경험을 하다 보면 "아, 내가 지금 이런 사고방식을 쓰고 있구나"를 인지하게 될 것입니다. 그런 인식이 문제해결이나 창의적 사고에 도움이 될 거라 생각합니다.

김수용 이 수업에서 배운 역량의 의미는 실생활에서 직면하는 다양한 문제들에 대해 가장 현명하고 합리적인 해결책을 찾는 능력을 기르는 것이었다고 생각합니다. 창의적 사고능력을 키우면서 동시에 문제해결 능력도 향상시킬 수 있었습니다.

Great Harmony

Critical Thinking and Rational Thinking

김혜인 · 박재홍

이 과목에서 학생들은 비판적 사고의 최선의 방법을 배웁니다. 학생들은 관심, 성찰성, 통찰력과 같은 지적 덕목을 개발하고, 허위와 불건전한 논증을 탐지하는 입증된 기술을 배웁니다. 또한 다양한 정보원의 신뢰성을 평가하고, 자신의 판단과 직관을 분석하고 성찰적으로 해석하는 방법을 배웁니다. 이러한 특성, 기술, 실천은 학생들이 책임감 있는 시민, 통찰력 있는 사상가, 덕성 있는 리더가 되는 데 도움이 될 것입니다.

주요 학습 목표

1. 정보원의 신뢰성을 평가할 수 있다.
2. 논증의 타당성을 평가할 수 있다.
3. 인지적 편향의 원인을 분석하고 해석할 수 있다.

이성적인 사람이란 어떤 사람일까?

김혜인 이 수업을 한마디로 정리하자면 어떤 수업일까요?

박재홍 좀 더 이성적인 사람이 되기 위해 꼭 필요한 과목이 아닐까 생각합니다.

김혜인 맞습니다. 제가 스스로를 이성적인 사람이라고 생각해 왔지만, 사실 그다지 이성적인 사람이 아님을 깨달을 수 있었던 수업이었습니다.

정보의 정확성을 어떻게 판단할 수 있을까?

박재홍 한 수업에서 이전 미국 대선에서 트럼프와 관련해서 어떤 부분들이 논리적으로 부족했는지 논의했던 기억이 이 수업을 통해 맹목적인 비판이 아닌 좀 더 냉정하고 객관적인 시각으로 바라볼 수 있게 되었습니다. 주변 의견에 동화되지 않고 실제 정보를 하나씩 분석해 볼 수 있어서 좋았습니다.

김혜인 소셜미디어 사용 증가와 외로움 증가의 관계를 분석하는 수업도 있었습니다. 이 주제에서 우리는 인과관계와 상관관계의 차이를 배웠습니다. 우리는 이 관계를 판단하기 위해 여러 단계를 거쳤습니다. 먼저 인과관계인지 상관관계인지 판단하고, 대조군을 설정해 소셜미디어를 사용하지 않는 경우에도 외로움이 증가하는지 확인했습니다. 또한 제3의 요소가 개입될 가능성도 고려했습니다. 예를 들어 대면 상호작용의 감소가 실제 원인일 수도 있다는 점을 생각해 봤습니다. 이런 과정을 통해 우리가 접하는 통계 자료나 기사들이 실제로는 다양한 오류 가능성을 가지고 있다는 점을 깨닫게 되었습니다. 브레이크아웃 그룹활동에서는 학생들이 이런 점을 인식하도록 하는 데 초점을 맞췄던 것 같습니다.

박재홍 맞습니다. 전반적으로 정보의 정확성을 검증하는 '과정'을 상세하게 배웠던 것 같습니다. 당장은 익숙지 않아 어려울 수 있지만, 이렇게 체계적으로 배워 두면 나중에 실제로 적용할 때 이론적 토대를 확실히 가질 수 있을 것이라고 생각합니다.

정치인의 언어에서 우리는 무엇을 읽어내야 하는가?

박재홍 기말 과제가 기억에 남습니다. 아주 열심히 했던 기억이 납니다. 한 학기 동안 배웠던 내용을 총망라해서 연설문을 작성하는 것이었습니다. 이 과정에서 개념적으로 이해가 안 되었던 부분들도 잘 정리가 되었습니다. 일종의 '자기주도학습' 과제였습니다.

김혜인 마지막 과제를 할 때는 마치 퍼즐을 푸는 느낌이었습니다. 힘들긴 했지만 정말 재미있었습니다. 우리가 배웠던 것들이 어떻게 연결되는지 깨닫는 순간이 있었기 때문입니다. 예를 들어 논리적 오류와 인지편향을 단순히 나열하는 게 아니라 이것들이 어떻게 사람들의 비합리적인 정치적 결정에 영향을 미치는지 연결해서 설명해야 했습니다. 개념과 사례, 개념과 개념을 연결시키는 스토리를 만들어야 했던 것입니다.

박재홍 저도 그 과제가 매우 기억에 남고 도움이 되었습니다. 만약 이걸 그냥 지필고사로 봤다면 아마 지금 하나도 기억나지 않았을 것입니다.

김혜인 깊이 있는 에세이 질문들이 학습에 큰 도움을 주었다고 생각합니다. 블룸의 택소노미 Bloom's Taxonomy라는 학습 피라미드가 있습니다. 거기서도 지식을 '창조'할 때 가장 많이 기억에 남는다고 했던 것처럼, 우리가 이 에세이를 쓰면서 일종의 지식 창조를 했기 때문에 더욱 오래 기억에 남아 있는 것이라고 생각합니다.

가장 기억에 남았던 에세이 질문을 소개하겠습니다. 이 과제는 실제상황이 아닌 가상의 시나리오를 다루었습니다.

시나리오 속 등장인물은 수천만 명이 사는 나라의

지도자입니다. 그는 최근 20년 동안 전쟁을 일으켰다가 실패했고, 현재 실업률이 높아지고 있는 상황입니다. 이 지도자의 공약은 '모든 시민은 국익을 위해 사익을 포기해야 한다'는 것입니다. 이러한 맥락에서 정치인이 이 공약을 내세웠을 때 사람들의 반응을 분석하는 과제였습니다.

이런 가상 시나리오를 바탕으로 다음과 같은 질문들이 주어졌습니다.

1. 대부분의 유권자들이 어떤 정치인의 주장을 비판적으로 보지 않을 것 같은 이유와 설득될 가능성이 있는 이유를 우리가 읽었던 마이클 휴머Michael Huemer의 글에서 구체적인 정보를 인용하여 제시하라.

2. 후보들이 어떤 방법으로, 즉 어떤 유형의 미스인포메이션으로 사람들을 선동할 수 있는지, 그리고 이 도시의 상황과 어떤 또 다른 미스인포메이션에 대한 설명을 고려해서 예시를 만들어라."

3. 유권자 안내서를 작성해서 어떤 리딩을 이용해 유권자들에게 비판적으로 생각하는 방법을 설명하는 글을 써라.

4. 왜 이 정치인의 주장이 일부 시민들에게는 설득력 있게 들릴 수 있을지, 듣는 사람 입장에서 어떤 이유 때문에 비합리적인 생각을 하게 되는지를 생각해 보라.

이런 과제들을 통해 우리는 정치적 상황에서의 비판적 사고와 미디어 리터러시를 깊이 있게 연습할 수 있었던 것 같습니다.

우리 사회는 이성적인 사람으로 이루어져 있는가?

박재홍 이 수업을 통해 정치적 담론을 더욱 객관적으로 바라볼 수 있게 된 것 같습니다. 예를 들어 어떤 정치인의 발언을 들을 때, 그 발언 자체뿐만 아니라 그 발언이 나오게 된 배경, 그리고 그것이 가져올 수 있는 영향 등을 종합적으로 고려하게 되었습니다.

당장은 그것을 알고 있다고 해서 완벽하게 분별할

순 없어도, 일단 정보를 볼 때마다 아는 것을 한 번씩 시도해 볼 수 있게 되었습니다. 이 방법으로 정보를 봤을 때 무엇이 보이는지, 이런 걸 한 번씩 해볼 수 있다는 것이 매우 중요하다고 생각합니다. 의식적으로 한 것보다도 아무 생각 없이 정보를 보고 있다가 나중에 돌이켜보면 이게 Critical and Rational Thinking 수업 때 배웠던 내용이랑 연관이 있겠다 싶은 상황들도 있었습니다.

김혜인 맞습니다. 우리는 온라인 공간에서 많은 시간을 보내고 있는데, 예를 들어 뉴스를 보고 유튜브를 볼 때 사람들이 정말 많은 논리적 오류를 범하고 있다는 걸 알게 되었습니다. 더 놀라운 건 논리적이지 않은 댓글에 많은 사람들이 동조하며 '좋아요'를 누른다는 것입니다. 이 수업을 들으면서 우리나라가 제가 생각했던 것보다 훨씬 더 감성에 의해 움직이는 사회라는 걸 깨달았습니다. 이게 대체 어디서부터 잘못된 것일까요?

박재홍 정말 그 근본원인이 무엇일까요? 궁금합니다.

김혜인 학교에서부터 이런 교육이 부족했던 게 아닐까요? 거기에 디지털 환경에 어릴 때부터 노출된 세대들은 독립적으로 사고하기보다는 다른 사람들의 생각에 동조하는 댓글 문화에 더 익숙해져 버렸다고 생각합니다.

박재홍 그런데 이건 한국만의 문제는 아닌 것 같습니다. 이른바 선진국이라 불리는 나라들도 자세히 들여다보면 비슷한 문제를 겪고 있습니다. 아직 근본적인 해결책은 없는 것 같고, 우리 세대가 고민하고 해결해 나가야 할 과제라고 생각합니다.

김혜인 맞습니다. 그런데 유발 하라리Yuval Harari의 《21세기를 위한 21가지 제언*21 Lessons for the 21st Century*》을 읽으면서 또 다른 차원의 문제를 발견했습니다. 유발 하라리는 현재 빅테크 기업들과 강대국들이 사람들의 사고를 조정하려 한다고 주장합니다. 특히 기업들은 이윤 극대화를 위해 우리의 생각과 행동 패턴을 분석하고 있습니다. 과거에는 단순한 구매기록만 있었다면, 지금은 우리의 일상 대부분이 데이터화되어 제공되고 있습니다.

특히 '인간 해킹' 개념이 흥미로웠습니다. 빅테크 기업들이 우리의 인지적 편향과 논리적 오류를 이용해 사고를 조정하려 한다는 것입니다. 이 부분을 읽고 우리가 이 수업에서 우리는 정보를 만드는 방법과 그것을 비판적으로 분석하는 방법, 즉 '창과 방패'를 동시에 배웠다는 것을 깨달았습니다.

박재홍 정말 이 수업의 핵심을 잘 정리한 것 같습니다. 이 수업이 단순한 학문적 지식을 넘어서 실제 삶에 적용할 수 있는 중요한 도구를 제공한 것 같습니다. 앞으로 우리 사회가 좀 더 합리적이고 비판적인 사고를 하는 시민들로 채워진다면, 그게 바로 이런 교육의 힘이 아닐까요?

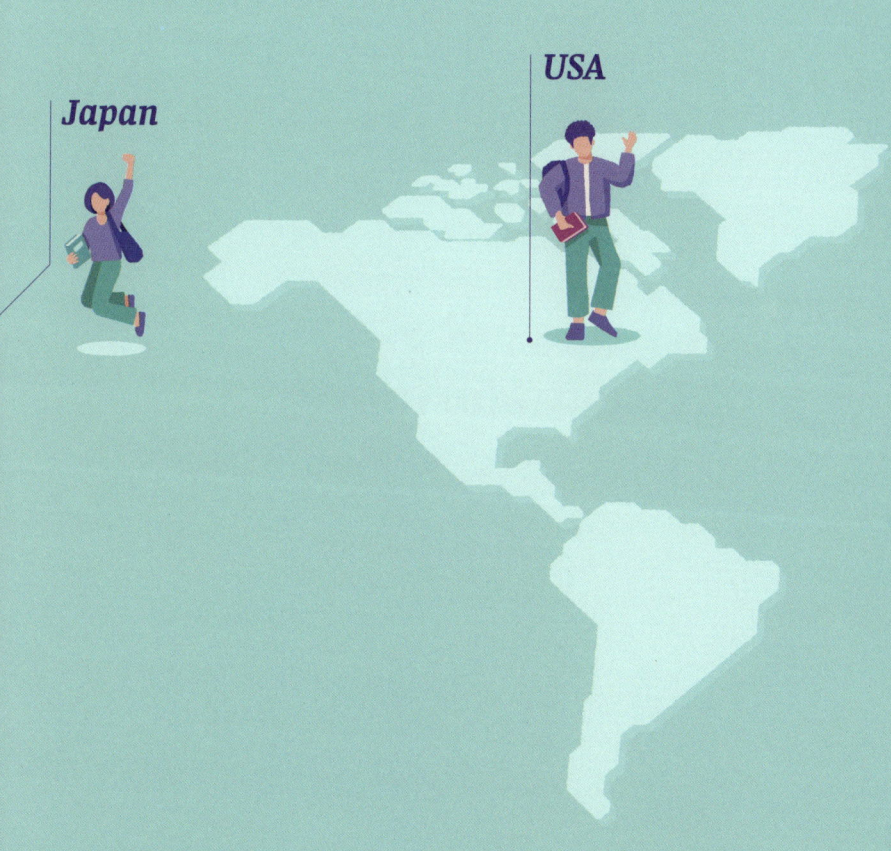

Great Harmony

Diversity, Empathy, and Global Citizenship

박재홍 · 차윤민

이 과목은 글로벌 사회의 리더가 되기 위해 필요한 기초 지식과 기술을 개발하도록 돕습니다. 학생들은 문화적 역량과 공감 능력을 키우며, 이는 다양한 문화적 배경을 가진 사람들과 효과적으로 상호작용하고, 협력하며, 문제를 해결하는 능력을 포함합니다. 또한 점점 더 상호의존적으로 변해 가는 세계와 광범위한 디지털 변혁이 만들어내는 글로벌 사회의 특징, 도전 과제, 기회를 파악합니다. 학생들은 다양성을 인식하고 존중하며, 복잡한 주제에 대한 다양한 관점을 파악하고 평가하며, 잠재적 해결책을 평가하면서 복잡한 글로벌 이슈를 분석합니다.

주요 학습 목표

1. 다양성, 다문화주의, 글로벌 커뮤니티, 세계 시민의식의 특징을 이해하고 설명할 수 있다.
2. 문화적 역량과 세계 시민의식을 위한 공감 능력과 기술을 개발할 수 있다.
3. 글로벌 커뮤니티가 직면한 긴급한 문제를 파악하고, 이러한 문제해결의 어려움을 분석하며, 해결책을 제안할 수 있다.

인간 사회의 본질을 찾아서

박재홍 다양한 공동체에 대해 배우고 그룹들 간의 관계에 대해 이해하면서 어떻게 더 조화로운 사회를 만들 수 있는가에 대해 생각해 볼 수 있었던 수업이었습니다.

차윤민 우리가 어떻게 집단을 나누는지, 왜 자기와 비슷한 사람들을 선호하게 되는지 배웠습니다. 제국주의 시대의 영향, 밴디트 라인 같은 것도 배웠고, 이런 배경 지식과 맥락을 바탕으로 글로벌 시티즌십을 정의하고 그 역할을 고민해 봤습니다.

다양성을 존중한다는 것

차윤민 종교 관련 내용을 다룬 수업 때 했던 브레이크아웃 그룹활동이 특히 기억에 남습니다. Critical and Rational Thinking 수업에서 배운 확증편향^{confirmation bias} 개념을 종교에 적용해 토론을 시작했습니다. 독실한 기독교신자 친구들과 함께 이야기를 나누면서, 다양한 관점에서 종교를 바라볼 수 있었습니다. 깊이 있는 토론을 위해 시간이 조금 더 있었으면 좋았겠다는 생각이 들었습니다.

박재홍 저도 성소수자 주제로 BOG를 할 때 인상 깊은 경험을 했습니다. 현실적이고 민감한 문제를 다루면서 학생들의 다양한 의견을 들을 수 있었습니다. 이런 토론을 통해 복잡한 사회문제에 대한 이해가 넓어졌습니다.

차윤민 한 학생이 성소수자 인권 존중뿐만 아니라 다양한 견해를 모두 살펴봐야 한다고 제안한 것도 흥미로웠습니다. 이를 통해 우리가 편견 없이 모든 관점을 고려하는 것의 중요성을 배웠습니다. 이런 열린 토론문화가 태재대학교의 강점 중 하나라고 생각합니다.

박재홍 맞습니다. 다양성을 존중한다면, 그 과정에서 다양한 의견을 모두 경청해야 한다는 점을 깨달았습니다. 이런 복잡한 주제들을 다루면서 우리의 사고가 더 넓어지고, 비판적 사고능력도 향상되는 것을 느꼈습니다. 태재대학교에서 이런 기회를 가질 수 있어 정말 값진 경험이었습니다.

팟캐스트 프로젝트와 영화 <미나리> 분석

박재홍 기억에 남는 과제로 팟캐스트 제작이 있습니다. 처음으로 팀 프로젝트를 하면서 배운 내용을 자유롭게 탐구해 볼 수 있어서 의미 있었습니다. 저는 교육 기회 불평등을 다뤄봤는데, 현실과 맞닿아 있어서 성취감이 컸습니다.

차윤민 저희는 스포츠에서의 성차별 문제를 조사했습니다. 어떤 경우에 문제가 되고, 또 어떤 해결책으로 모두가 함께 즐길 수 있는 환경을 만들 수 있을지 토론했습니다.

축구를 사랑하는 친구들과 함께 작업하면서 몰랐던 사실도 많이 알게 되었습니다. 게이 축구 리그도 있었는데, 여기서 말하는 '게이'는 남성 동성애자가 아니라 성소수자 전반을 아우르는 개념으로 쓰였습니다. 트랜스젠더 선수들을 어떻게 대해야 할지, 체력 차이를 어떻게 극복하고 경기를 펼칠 수 있을지도 고민해 봤습니다. 성별에 따른 임금격차 문제도 심각했습니다. 어려운 주제지만 굉장히 흥미로웠습니다.

차윤민 저는 영화 <미나리Minari> 분석과제 또한 기억에 남습니다. 그때 활용했던 헤이르트 호프스테더Geert Hofstede의 '문화적 차원 이론cultural dimensions theory'이 인상 깊었습니다. 개인주의 대 집단주의, 권력 거리, 남성성 대 여성성 등 6가지 기준으로 사회를 바라보는 프레임워크입니다. 외국인이나 낯선 집단의 사람들을 만날 때 이 틀을 활용했더니 그들의 행동이나 성향을 이해하는 데 도움이 되었습니다.

예를 들어 제가 기숙사에서 만난 외국인 친구들 중에는 굉장히 직설적인 친구들도 있고, 반대로 매우 수줍어하는 친구들도 있었습니다. 이런 차이를 이해할 때, 문화적 차원 이론을 가볍게 적용해 보면 '아, 이 친구가 이런 성향을 보이는 건 아마도 그 문화권의 특성 때문이겠구나' 하는 식입니다. 물론 개인을 문화로 지나치게 일반화하는 건 위험합니다. 그래도 이해의 도구로 삼는다면 문화 간 소통에 분명 도움이 될 것입니다.

글로벌 도시순환과 다양성

박재홍 아무래도 한국이 사실 성소수자에 대한 인식도 아직은 조금 부족한 편이고, 인종 다양성도 그렇게 높은 편은 아니다 보니 실제로 제가 주변 사람들이랑 교류하면서 배운 내용이 녹아들 만한 순간들이 많이 없는 것 같다고 느꼈습니다.

하지만 앞으로 글로벌 도시순환Global Rotation을 하게 되면 훨씬 다양한 배경을 가진 사람들, 소수자 정체성을 가진 분들과 만날 가능성이 높아질 것입니다. 그때 가서는 수업에서 배운 내용을 토대로 좀 더 열린 마음과 포용적인 자세로 소통할 수 있지 않을까 싶습니다. 이런 역량이 앞으로 더욱 중요해질 것이라 생각합니다.생각을 이끌어내 주는 것, 교수님의 역할

박재홍 교수님께서는 문화적 다양성, 인권 관련 연구를 오랫동안 해오셨다고 합니다. 그래서 그 분야의 통찰을 자주 공유해 주셨습니다. 퍼실리테이터facilitator로서도 계속 노력하시는 게 느껴졌습니다.

차윤민 교수님이 아시아인으로서 해외 유학시절에 겪은 경험을 나눠주신 게 좋았습니다. 실제 변화의 현장에서 느꼈던 것들, 주변 사람들의 일화 같은 걸 진솔하게 들려주셨기 때문입니다. 외국인 학생들이나 유학파 학생들의 이야기도 잘 끌어내 주셨습니다.

다양성을 가르칠 수 있을까?

박재홍 사실 수업을 듣기 전에도 다양성 관련 주제에 대해 모르지는 않았습니다. 하지만 이번 수업의 강

점은 조금 더 이론적으로 접근했다는 것입니다. 전에는 막연하게 알고 있었다면, 이제는 논리적으로 이해할 수 있게 된 느낌이라고 할까요? 지금까지는 세계의 큰 틀만 봤다면, 수업을 듣고 나서는 구체적으로 어떤 요인들로 인해 현재의 구조가 형성되었고, 앞으로 어떤 부분을 해결해야 더 조화로운 세상이 될 수 있을지 구체적으로 파악할 수 있게 된 것 같습니다.

차윤민 이런 담론의 논리적 근거나 정당성, 이런 것들을 많이 알아갈 수 있었습니다. 다양성 프레임을 자신의 정체성이나 종교 같은 것으로 규정하고 거기에 함몰되기 쉬운데, 객관성을 유지하려다 보니 깊이 있게 파고들진 못했습니다. 대신 특정 분야에 호기심이 생기면 학생들이 스스로 더 탐구할 수 있도록 기반을 만들어준 수업이었습니다. 1학년 1학기 과목으로는 이렇게 다양한 분야에 관심이 생기게 한 것만으로도 의미가 있다고 봅니다.

박재홍 그런 부분도 확실히 장점인 것 같습니다.

차윤민 그리고 만약 처음부터 너무 깊이 있는 내용으로 갔더라면 에세이 쓰기가 부담되었을 것 같습니다. 저처럼 영어에세이를 많이 써보지 않은 학생들에게는 단계적인 접근이 필요한데, 그런 면에서 이번 수업이 예비단계였던 셈입니다.

박재홍 그런 면에서 보면 광범위한 주제를 배운 게 오히려 장점일 수도 있겠습니다.

다양성과 공감

박재홍 태재대학교 학생으로서 꼭 필요한 역량! 저는 이 역량이 태재생으로서 꼭 필요하다고 봅니다. 우리 기수는 외국인 학생이 4~5명밖에 안 되지만, 앞으로는 훨씬 늘어날 것입니다. 해외 여러 곳에 가게 될 텐데, 그때 다양한 집단의 사람들과 어떻게 소통해야 할지 기본기를 닦아두는 게 중요합니다. 그래야 어떤 말을 하든 존중과 배려의 마음을 담을 수 있을 것입니다.

차윤민 맞습니다. 창의적, 비판적 사고도 중요하지만, 다양성을 존중하는 것이 본인의 이익을 위해서 무언가를 이루는 데 굉장히 중요한 역량이라는 점, 그리고 타인을 왜 존중해야 되고 왜 존중과 이해가 더 나은 사회를 만드는 데 활용될 수 있는지 등 이런 부분에 대한 이해나 체득이 부족한 상태에서 개인의 이익만 좇는다면 갈등만 키울 수 있습니다.

존중과 이해의 자세가 바탕이 되어야 더 나은 사회를 만드는 데 기여할 수 있다고 생각합니다. 우리나라는 강대국 사이에서 균형을 잡아야 하는 위치입니다. 갈등을 중재하는 역할을 잘 못하면 껍데기뿐인 처지가 될 수 있습니다. 그런 위기를 기회로 바꾸는 인재를 길러내는 게 우리 학교의 존재 이유라고 생각합니다. 그런 의미에서 이 역량의 중요성은 아무리 강조해도 지나치지 않습니다.

Great Harmony

Motivation and Self-directed Learning

김혜인 · 차윤민

이 과목은 호기심, 자기 관심사, 자기주도 학습의 가치와 상호관계를 탐구합니다. 우리는 이 세 가지 요소를 개별적으로, 그리고 조합하여 살펴보며 개인의 최고의 모습을 개발하는 과정의 일부로 다룹니다. 먼저 호기심의 역할을 검토하고 이를 육성하는 방법을 고찰합니다. 그 다음, 호기심을 통해 자기 관심사를 파악하고 개발하는 방법을 살펴봅니다. 자기 관심사는 더 많이 배우고자 하는 욕구로 이어지며, 이는 학습 전략의 파악과 활용을 요구합니다. 우리는 새로운 관심사를 탐구하는 데 사용할 수 있는 다양한 입증된 학습 전략을 심층적으로 분석할 것입니다. 또한 AI를 자기주도 학습 도구로 활용하는 효과도 탐구합니다. 이 과목은 개인의 평생 성장과 발전의 중요성을 가르칩니다.

주요 학습 목표

1. 호기심을 정의하고, 그 이점을 설명하며, 호기심을 증진시키는 전략을 파악할 수 있다.
2. 자신의 관심사를 파악하고 자기주도학습 목표를 설정할 수 있다.
3. 교육에서 주도적이고 독립적이게 되기 위한 전략을 파악하고 활용할 수 있다.

자기주도 학습

김혜인 이 수업의 주요 주제는 자기주도적 학습 능력을 기르는 것이었습니다. 우리가 스스로 공부하고 싶은 주제에 대해 체계적으로 학습 목표를 설정하고, 그에 따른 학습 결과물을 만들어내는 과정 전체를 다루었습니다. 먼저 큰 틀에서 이러한 학습 프로세스를 배웠고, 그 안에서 더 구체적인 학습 기법들을 익혔습니다. 예를 들어 정보 처리, 해독, 이중부호화, 연상 등의 기법들을 중점적으로 학습했습니다. 이런 기법들은 언뜻 보기에는 사소해 보일 수 있지만, 실제로 학습 효과를 크게 높일 수 있는 중요한 팁들이었습니다.

차윤민 네, 저도 동의합니다. 이 수업은 태재대학교의 교육 철학을 잘 반영하고 있었습니다. 특히 디지털 환경에서의 액티브 러닝active learning과 자기주도학습에 초점을 맞추었죠. 수업 초반에는 이에 대한 이론적 배경과 프레임워크를 다루었습니다. 가장 중요한 점은 '무엇을 배우는지'와 '왜 배우는지'를 명확히 이해해야 한다는 것이었습니다.

학기 초에는 특히 호기심, 관심, 흥미, 취미 등이 학습 성과와 어떤 관계가 있는지에 대한 다양한 연구결과들을 살펴보았습니다. 단순히 "취미가 있으면 좋다"라는 식의 모호한 주장이 아니라 실제로 뚜렷한 취미를 가진 사람들의 학습 성과를 추적한 객관적인 데이터를 봤던 것이 인상적이었습니다. 이를 통해 이 수업이 단순한 주관적 조언이 아닌, 과학적 근거에 기반한 학습 방법을 제시하려 노력했다는 것을 알 수 있었습니다.

김혜인 맞습니다. 수업내용 중 상당 부분이 심리학과 뇌과학 분야와 연관되어 있었습니다. 특히 울트라러닝Ultralearning이라는 개념에 대해 깊이 있게 다루었는데, 이는 매우 효율적인 학습 방법을 의미합니다.

개인적으로 가장 유용하다고 느낀 것은 딥 프로세싱Deep Processing 기법이었습니다. 이 기법은 단순히 정보를 암기하는 것이 아니라 그 정보를 자신에게 의미 있는 것으로 만드는 과정을 강조합니다. 예를 들어 수업에서 배운 내용을 단순히 PPT의 단어들만 외우는 것은 가장 기초적인 수준의 학습입니다. 그 대신 배운 내용을 자신만의 언어로 재정리하거나, 실생활과 연결지어 생각해 보는 과정을 통해 더 깊이 있는 학습을 할 수 있습니다. 이런 접근방식은 대학 4년 동안뿐만 아니라 앞으로의 평생 학습에도 매우 중요한 개념이라고 생각합니다.

차윤민 저는 이 수업을 통해 태재대학교의 교육 방향성을 먼저 이해할 수 있었던 점이 좋았습니다. 대학이 추구하는 방향과 그 이유를 알게 되니, 다른 수업들을 들을 때도 더 넓은 맥락에서 이해할 수 있었습니다.

특히 청킹Chungking이라는 학습 방법이 매우 인상 깊었습니다. 한국에서는 그동안 쉽게 접하기 어려웠던 개념이었는데, IT 서비스나 블로그 등에서는 이미 잘 활용되고 있던 방식이더라고요. 이 방법을 배운 후로는 제가 프레젠테이션을 준비하거나 콘텐츠를 만들 때 항상 염두에 두고 있습니다. 예전에는 많은 텍스트를 넣

으면 사람들이 다 읽어줄 거라고 생각했는데, 이제는 정보를 더 효과적으로 전달하기 위해 청킹을 활용하고 있습니다.

AI를 활용한 교육 혁신

차윤민 AI를 활용하는 수업 활동이 특히 인상적이었습니다. 우리가 청킹과 듀얼 코딩 dual coding 등의 학습 기법을 배운 직후에 이 AI 활용 활동을 했던 것으로 기억합니다.

저는 이 기회를 활용해 청킹과 듀얼 코딩 개념을 AI에 적용해 보았습니다. 청킹은 텍스트를 적절한 크기의 덩어리로 나누는 것이고, 듀얼 코딩은 텍스트와 이미지를 함께 사용하는 것인데, 이런 작업을 AI가 자동으로 할 수 있을 것이라 생각했습니다. 실제로 시도해 보니 AI가 예상 이상으로 잘 수행했습니다.

AI는 텍스트를 적절하게 나누어 정리해 주었고, 각

텍스트에 맞는 적합한 이미지도 찾아 제시해 주었습니다. 사실 텍스트를 단위로 쪼개는 것은 AI의 기본 원리 중 하나이기 때문에, 청킹을 잘 해낸 것은 당연할 수도 있겠습니다. 이 경험을 통해 AI의 능력과 가능성을 직접 체감할 수 있었고, 학습에 AI를 활용하는 방법에 대해 깊이 생각해 볼 수 있었습니다.

김혜인 맞습니다. 태재대학교가 AI를 수업에 이렇게 빠르게 도입한 것이 정말 인상적이었습니다. 교육 혁신을 표방하는 많은 기관들이 있지만, 실제로 이렇게 최신 기술을 커리큘럼에 적극적으로 반영하는 경우는 드뭅니다. 이런 경험을 통해 태재대학교가 정말로 혁신적인 교육을 제공하고 있다는 것을 체감할 수 있었습니다.

차윤민 맞습니다. 태재대학교가 '혁신적인 교육기관'이라는 말을 많이 하지만, 실제로 이렇게 새로운 기술을 커리큘럼에 빠르게 도입하는 것을 보니 그 말이 단순한 수사가 아니라는 걸 느꼈습니다. AI 활용 수업은 우리에게 미래 학습방식을 미리 경험해 볼 수 있는 좋은 기회였던 것 같습니다.

Make it real

김혜인 저는 특히 교수님의 태도에서 많은 것을 배웠습니다. 교수님은 단순히 이론적 지식을 전달하는 데에만 그치지 않고, 실제 경험의 중요성을 강조하셨습니다. 예를 들어 교수님은 다양한 종교에 대한 깊은 관심으로 직접 태국에서 스님이 되어보는 등의 경험을 하셨습니다.

교수님은 자신이 평생 동안 이렇게 동기부여된 자기주도학습을 해왔다고 하시면서, 우리에게도 같은 방식으로 공부할 것을 권유하셨습니다.

교수님은 우리가 관심 있는 주제를 단순히 책으로만 공부하지 말고, 실제로 경험해 볼 수 있는 방법을 찾아보라고 조언하셨습니다. "Make it real"이라는 말씀을 자주 하셨는데, 이는 학습을 실제 삶과 연결시키라는 의미였습니다. 이런 교수님의 태도와 조언이 저에게는 이 수업의 가장 큰 배움이었습니다. 단순한 지식 전달을 넘어서 실제적이고 의미 있는 학습 경험을 추구하는 자세를 배울 수 있었습니다.

더 넓은 사고, 역량 간의 관계

차윤민 이 수업의 또 다른 큰 장점은 다른 수업들과의 연계성입니다. Diversity, Empathy, Global Citizenship 수업과 Critical and Rational Thinking 수업에서 배운 내용들이 서로 연결되면서 더 깊고 넓은 사고를 할 수 있게 되었습니다.

예를 들어 우리는 '글로벌 노스Global North'와 '글로벌 사우스Global South'의 개념에 대해 배웠는데, 이는 세계의 경제적, 사회적 불평등을 나타내는 개념입니다. 글로벌 노스는 주로 부유한 선진국들을, 글로벌 사우스는 상대적으로 가난한 개발도상국들을 의미합니다. 이 개념을 배우면서, 단순히 현상을 인식하는 데서 그치지 않고 더 깊은 생각을 하게 되었습니다.

처음에는 '와, 스티븐 셜리Steven Shirley 교수님처럼 세계 여러 곳을 다니며 공부할 수 있다니 멋지다'고만 생각했습니다. 하지만 Diversity, Empathy, Global Citizenship 수업에서 배운 내용을 떠올리면서, 이런 기회가 모든 사람에게 평등하게 주어지지 않는다는 점을 깨달았습니다. 그렇게 할 수 있는 기회와 자원을 가진 것 자체가 일종의 특권일 수 있다는 생각이 들었습니다.

이런 깨달음은 또 다른 질문으로 이어졌습니다. "그렇다면 이런 기회를 갖지 못한 사람들을 위해 우리가 할 수 있는 일은 무엇일까?", "어떻게 하면 이런 교육적 기회를 더 많은 사람들에게 제공할 수 있을까?" 이런 식으로 하나의 주제에 대해 다양한 각도에서 생각해 볼 수 있게 된 것입니다.

김혜인 네, 정말 그렇습니다. 여러 수업을 함께 들으면서 더 넓은 시야를 가질 수 있게 된 것 같습니다. 특히 이 점이 태재대학교 커리큘럼의 큰 장점이라고 생각합니다.

차윤민 맞아요. 처음에는 각 역량이 어떻게 연결될지 잘 몰랐지만, 지금은 이 모든 것이 유기적으로 연결되어 있다는 걸 느낍니다. 이 수업들이 모여서 우리가 건강하고 긍정적이면서도 논리적이고 비판적인 사고를 할 수 있는 기반을 만들어주고 있는 것 같습니다.

김혜인 그렇죠. 우리가 배운 역량들을 크게 두 가지로 나눠볼 수 있을 것 같습니다. 하나는 개인의 역량을 키우는 수업들이고, 다른 하나는 사회와의 관계를 다루는 수업들입니다.

개인의 역량을 키우는 수업으로는 Creative Thinking and Problem Solving, Critical and Rational Thinking, Motivation and Self-directed Learning 등이 있었습니다. 이 수업들은 우리 개개인의 사고력과

창의성, 그리고 학습 동기를 향상시키는 데 초점을 맞추었습니다.

반면 Sustainability and Equity, Diversity, Empathy, and Global Citizenship 같은 수업들은 우리와 사회와의 관계를 다뤘습니다. 이 수업들을 통해 우리는 더 넓은 세상을 이해하고, 우리의 행동이 사회와 환경에 미치는 영향에 대해 생각해 볼 수 있었습니다.

이 두 가지 유형의 수업을 함께 배우니까 단순히 개인의 성공만을 추구하는 것이 아니라 사회적 책임감도 함께 가질 수 있게 된 것 같습니다. 이런 균형 잡힌 시각은 앞으로 우리가 사회에 나가서 활동할 때 정말 중요한 자산이 될 거라고 생각합니다.

차윤민 정말 그렇습니다. 이렇게 여러 역량을 함께 배우니까 어떤 상황을 마주했을 때 "나는 이렇게 해보고 싶다"라는 생각과 함께 "다른 사람들은 어떨까?"라는 생각도 자연스럽게 하게 되는 것 같습니다. 이런 점이 학교에 들어오기 전과 지금의 가장 큰 차이점 중 하나라고 할 수 있겠습니다.

과제 형태의 변천

김혜인 학기가 진행되면서 과제의 형태가 크게 변화했습니다. 처음에는 주로 글쓰기 과제가 많았는데, 글쓰기에 지쳐갈 즈음 갑자기 영상제작 과제가 많아졌습니다. 이런 변화는 우리에게 새로운 도전이기도 했지만, 동시에 새로운 스킬을 배울 수 있는 기회이기도 했습니다.

차윤민 네, 정말 그렇습니다. 1학기와 2학기 사이에 과제 형태에 큰 변화가 있었죠. 처음에는 개인적으로 글을 쓰는 것이 가장 편하다고 생각했습니다. 혼자서 조용히 생각을 정리하고 글로 표현하는 것이 익숙했거든요. 하지만 지금 돌이켜 보면, 그때가 오히려 쉬웠던 시기였다는 생각이 듭니다.

과제 형태의 변화를 좀 더 자세히 설명하자면, 이런

순서로 진행되었습니다:

1. 개인 글쓰기 과제: 주로 에세이나 리포트 형식으로, 개인이 혼자 수행하는 과제였습니다.

2. 조별 과제: 팀을 이루어 함께 작업하는 과제가 늘어났습니다. 이 과정에서 협업 능력, 의사소통 능력 등을 기를 수 있었습니다.

3. 영상제작 과제: 글쓰기에서 한 단계 더 나아가 영상을 만드는 과제가 등장했습니다. 이는 우리에게 새로운 도전이었습니다.

이러한 변화는 우리를 점진적으로 더 복잡하고 실무적인 스킬을 요구하는 과제로 이끌어갔습니다. 예를 들어 영상 제작은 단순히 내용을 구성하는 것뿐만 아니라 촬영, 편집, 음향 등 다양한 기술적 요소들을 고려해야 했습니다.

특히 흥미로운 점은 이러한 과제 형태의 변화가 우

리의 학년이 올라감에 따라 점진적으로 이루어졌다는 것입니다. 2학년이 되면 실제 프로젝트를 더 많이 진행하게 될 텐데, 그때 가서 보면 지금 하고 있는 영상제작이 오히려 쉬웠다고 느낄 수 있을 것 같습니다. 왜냐하면 실제 프로젝트는 영상제작보다 더 복잡하고 다양한 요소들을 고려해야 할 것이기 때문입니다.

이런 과제 형태의 변화과정이 개인적으로는 매우 흥미롭게 느껴집니다. 우리가 점점 더 복잡하고 실무적인 스킬을 갖추어가는 과정을 직접 경험할 수 있기 때문입니다. 앞으로 더 다양한 형태의 프로젝트를 경험하게 될 텐데, 이런 변화과정을 통해 우리가 어떻게 성장해 나갈지 기대가 됩니다.

시험 대신 아웃풋을 내는 평가방식의 장점

김혜인 우리 학교의 평가방식 중 가장 인상 깊었던 점은 전통적인 시험 대신 에세이나 영상 같은 실제적인 아웃풋을 만들어 평가를 받는다는 것입니다. 이런 방식은 여러 가지 장점이 있습니다.

첫째, 수업 시간에 배운 내용을 단순히 암기하는 것이 아니라 실제로 적용해 볼 수 있습니다. 물론 루브릭에 맞춰야 한다는 제약은 있지만, 그 안에서도 우리는 수업내용과 개인의 해석을 결합해 창의적인 결과물을 만들어낼 수 있습니다.

둘째, 이런 방식으로 학습한 내용은 장기 기억으로 남는 경향이 있습니다. 단순히 시험을 위해 암기했다면 시험이 끝난 후 금방 잊어버렸을 텐데, 직접 무언가를 만들어내는 과정을 거치니 오래 기억에 남습니다.

예를 들어 저는 Human Communication 수업에서 배운 '설득의 기술'을 적용해 짧은 다큐멘터리를 만든 적이 있습니다. 이 과정에서 배운 내용을 실제로 어떻게 적용할 수 있는지 고민하고 실천해 보면서, 그 개념들을 더 깊이 이해할 수 있었습니다.

차윤민 저도 혜인의 의견에 전적으로 동의합니다. 특히 우리가 직접 만든 결과물이 남는다는 점이 큰 장점인 것 같습니다. 예를 들어 제가 쓴 에세이나 만든 영상을 나중에 다시 볼 때마다 그때 배운 내용들이 새롭게 떠오르곤 합니다.

하지만 이런 과제를 수행하는 과정이 항상 쉽지만은 않았다는 점도 말씀드리고 싶습니다. 가장 어려웠던 점은 완결성 있는 작품을 만들고 싶은 욕구와, 수업에서 요구하는 여러 개념들을 모두 포함시켜야 한다는 요구사항 사이에서 균형을 잡는 것이었습니다.

예를 들어 Creative Thinking and Problem Solving 수업에서 에세이를 쓸 때 우리는 최소 3~4개 이상의 수업 개념을 포함시켜야 했습니다. 이 과정에서 때로는 글의 자연스러운 흐름을 해치지 않으면서도 필요한 개념들을 모두 녹여내는 것이 굉장히 어려웠습니다. 때로는 조금 억지 같은 느낌이 들 때도 있었습니다.

김혜인 맞습니다. 저도 그 점을 많이 느꼈습니다. 마치 퍼즐을 맞추는 것 같았습니다. 루브릭에 맞춰 필요한 개념들을 모두 포함시키면서도, 전체적으로 일관성 있고 흥미로운 내용을 만들어내야 했기 때문입니다.

차윤민 그렇습니다. 하지만 이런 어려움 속에서도 우리는 많은 것을 배웠다고 생각합니다. 이런 과정을 통해 복잡한 아이디어들을 하나의 일관된 작품으로 만들어내는 능력을 기를 수 있었기 때문입니다. 다만, 한 가지 아쉬운 점이 있다면, 이런 과제들이 주로 '장기 기억으로의 전환'이라는 목적에 초점이 맞춰져 있었다는 것입니다.

물론 이것도 중요하지만, 더 나아가 우리가 정말 관심 있는 주제에 대해 처음부터 끝까지 완결성 있고 퀄리티 높은 작품을 만드는 훈련도 더 많이 했으면 좋았을 것 같습니다. 이 점은 다행히도 2학기 때 많이 개선되었습니다.

학생주도의 수업 혁신

차윤민 우리 학교의 또 다른 큰 장점은 학생들의 피드백을 즉각적으로 반영해 준다는 것입니다. 제 경험을 좀 더 자세히 말씀드리면, 수업 중 부족하거나 개선이 필요한 점에 대해 교수님께 말씀드리면, 많은 경우 그 다음 주 수업에서 바로 변화가 있었습니다.

김혜인 네, 피드백이 정말 빨랐습니다.

차윤민 교수님들의 반응이 다양했습니다. 어떤 교수님은 학과장님의 눈치를 보시는 것 같았고, 정확한 관계는 모르겠지만 "이건 바꾸기 어려울 것 같아요"라고 말씀하시는 분들도 계셨습니다. 반면에 "그건 내가 할 수 있지"라고 하시면서 다음 주 수업에 커리큘럼을 많이 바꿔 오시는 분들도 계셨습니다. 이런 경험을 통해 우리가 수업의 발전과정에 직접 참여하고 있다는 느낌을 받을 수 있었고, 그 변화가 눈에 보일 때 정말 큰 즐거움을 느꼈습니다.

김혜인 맞습니다. 이런 즉각적인 피드백 반영이 가능한 이유 중 하나는 우리 학교의 시스템이 아직 완전히 고정되지 않았기 때문이라고 생각합니다. 어떻게 보면 이것이 새로운 교육 모델을 시도하는 학교의 장점이라고 할 수 있겠습니다.

차윤민 이런 즉각적인 피드백 시스템은 학생들에게 큰 매력으로 다가올 수 있습니다. 자신의 의견이 실제로 반영되는 것을 보면서 학교와 수업에 대한 주인의식과 책임감이 커지게 됩니다.

동시에 이런 시스템이 모든 학생에게 적합하지는 않을 수 있다는 점도 인정해야 합니다. 이는 학생들의 주도적인 참여와 성장에 대한 열망을 전제로 하기 때문입니다. 단순히 주어진 것만 하면 되는 시스템이 아니라 스스로 많은 노력과 고민을 해야 하는 시스템이기 때문입니다.

예를 들어 수업 개선을 위해 의견을 내는 것부터가 하나의 도전입니다. 그리고 그 의견이 반영되었을 때,

그에 따른 변화에도 적응해야 합니다. 이런 과정이 계속되면 학습 내용뿐만 아니라 학습방식 자체도 계속 변화하게 되는데, 이에 적응하는 것이 쉽지만은 않을 수 있습니다. 이런 점에 대한 기대나 준비가 없다면 힘들 수도 있을 것입니다.

그럼에도 불구하고 저는 개인적으로 이런 시스템이 매우 흥미롭고 가치 있다고 생각합니다. 우리가 실제 사회에 나가서도 끊임없이 변화하는 환경에 적응하고, 그 속에서 자신의 의견을 내며 성장해 나가야 하기 때문입니다. 이런 점에서 우리 학교의 시스템은 실제 사회생활의 축소판이라고도 볼 수 있습니다.

본인이 성공을 향해 주도적으로 많은 노력과 고민을 해야 하는 시스템이다 보니, 쉽지만은 않지만 그만큼 배우는 것도 많습니다. 저는 개인적으로 이런 도전적인 환경이 매우 재미있고 의미있다고 생각합니다.

Great Harmony

Data Analysis and Storytelling

김수용 · 김혜인 · 차윤민 · 최민우

이 과목은 학생들에게 데이터 분석 접근법과 스토리텔링 기법을 사용하여 데이터를 해석하고 제시하는 방법을 가르칩니다. 데이터 분석 전략과 기본 통계 분석을 검토하는 것으로 시작하여, 시각화와 대시보드를 활용해 데이터로 주요 이해관계자들을 설득하는 방법을 학습합니다. 마지막으로 학생들은 시나리오 기반 프로젝트를 통해 데이터 시각화와 설득력 있는 스토리텔링 기법을 사용하여 실제 의사결정을 안내하는 능력을 보여줍니다.

주요 학습 목표

1. 데이터 스토리텔링에 사용되는 기본 데이터 분석 구성요소와 전략을 설명할 수 있다.
2. 실제상황에 기본 통계 분석을 적용할 수 있다.
3. 데이터 시각화의 정확성과 명확성을 분석할 수 있다.
4. 설득력 있는 스토리텔링 기법을 사용하여 데이터 기반 의사결정을 안내할 수 있다.

데이터 분석 그리고 스토리텔링

김수용 저는 고등학교 때부터 데이터 분석에 흥미가 많이 있었습니다. 이 수업을 통해 그 분야에 대해 더 깊이 배울 수 있을 거라 생각해 신청하게 되었습니다. 실제로 수업에서 데이터를 다루는 과정이 매우 흥미로웠습니다.

차윤민 제 목표는 스타트업 분야에서 일하거나 공부하는 것입니다. 요즘 IT 비즈니스가 대부분 데이터 기반으로 운영되는 만큼 데이터 분석 방법을 배우는 것이 중요하다고 생각했습니다. 또한 제 스토리텔링과 프레젠테이션 능력을 향상시키고 싶었습니다. 이 수업이 데이터 분석과 프레젠테이션 스킬을 모두 다루고 있어서 꼭 듣고 싶었습니다.

최민우 저는 첫 수학 과목이어서 기대가 되었습니다. 수학이 하고 싶었고, data science and AI 전공을 선택하고 싶어서 데이터 애널리틱스는 필수적으로 들어야 되겠다고 생각했습니다. 고등학교 때 통계 관련 과목을 한 번도 안 들어봐서 데이터 분석이 되게 약합니다. 이 수업을 통해 저의 약한 부분을 좀 보완하자 했던 게 가장 컸습니다.

김혜인 저는 데이터 통계 수업 같은 건 들어본 적 있었는데 스토리텔링이 합쳐진 통계는 어떤 수업일까 궁금해서 신청 했습니다.

우리는 무엇을 배웠을까?

김혜인 그러면 다들 이 수업을 듣고, 듣기 전에 목표였던 혹은 기대했던 바를 어느 정도 이루셨는지 알아볼까요?

차윤민 이론적 방법론과 시각화 기법을 배운 것이 정말 유익했습니다. 특히 수업 마지막에 발표를 하면서 배운 내용을 실제로 적용해 볼 수 있었습니다. 그 과정에서 배운 걸 최대한 활용하려고 노력했는데, 그게 정말 재미있고 의미 있는 경험이었습니다. 앞으로도 이 역량을 계속 발전시켜 나가고 싶습니다.

김혜인 저도 윤민의 마지막 파이널 발표가 아직까지 기억에 남습니다.

차윤민 그런가요?

김혜인 확실히 달랐습니다. 윤민은 일련의 차트들만으로도 사람들이 다음 내용을 궁금하게끔 만들어주는 발표를 했습니다. 정말 높은 수준의 스토리텔링이었습니다.

차윤민 감사합니다. 한 영상을 레퍼런스로 삼아서 훈련을 해봤던 것 같습니다.

최민우 데이터 분석 부분은 교양 수준으로 기초를 다루어 적당했다고 생각합니다. 하지만 이 수업의 진짜 가치는 다른 곳에 있었습니다. IBM 전문가의 특강은 실무 경험을 들을 수 있어 정말 유익했습니다. 가장 큰 깨달음은 스토리텔링 파트에서 얻었습니다. 프레젠테이션의 핵심은 단순히 정보를 나열하는 게 아니라 청중이 원하는 핵심을 간단명료하게 전달하는 것이었습니다. 이 스킬은 특히 비즈니스나 마케팅 분야에서 중요할 것 같습니다. 복잡한 내용을 단순화해서 전달하는 능력의 중요성을 깨달은 게 이 수업의 가장 큰 수확이었습니다.

김혜인 저는 이전에 T-test나 correlation 분석 같은 통계 도구들을 배운 적이 있습니다. 그때는 주로 수학 책의 연습 문제를 푸는 데 사용했는데, 이번 수업은 달랐습니다. 중간 과제에서는 우리가 직접 데이터를 모아서 T-test를 해봤습니다. 그런데 기말 과제는 더 어려웠습니다. 이미 있는 데이터를 가지고 T-test나 correlation 분석을 해야 했기 때문입니다. 어떤 데이터를 사용해야 할지 찾는 것부터가 정말 힘들었습니다. 분석을 하다 보니 많은 경우에 의미 없는 결과가 나왔습니다. 이를 통해 통계적으로 유의미한 결과를 찾는 게 얼마나 어려운 일인지 깨달았습니다.

하지만 이 과정에서 점점 감이 생겼습니다. 예를 들어 인터넷 보급률 같은 데이터를 볼 때, 처음에는 그냥 하나의 데이터 세트로만 봤습니다. 그런데 특정 시점을 기준으로 나누면 T-test를 할 수 있다는 걸 알게 되었습니다. 이전과 이후의 데이터 분포를 비교하게 된 것입니다.

이렇게 실제로 데이터를 다루면서, 어떤 상황에 어떤 분석 방법을 써야 하는지 구르면서 배웠습니다. 때로는 넘어지고 실수도 하면서 말입니다. 전에는 그저 머리로만 알고 있던 걸 실제로 해보면서 체득한 것입니다. 정말 값진 경험이었고, 이제는 앞으로도 이런 분석을 할 수 있을 것 같습니다.

같은 데이터, 다른 표현 방식

차윤민 파이널 과제가 아직도 기억에 남는 게, 혜인과 몇 명이 기숙사에서 다 같이 밤새우면서 대체 스토리텔링 할 수 있는 데이터가 뭐가 있냐 찾던, 약간 지옥 같은 밤새움을 기억나시나요? 데이터 찾는 게 너무 어려워서 그게 정말 기억에 남습니다.

김혜인 수업에서 브레이크아웃 그룹활동을 많이 했는데, 그중에서 제일 기억에 남는 건 데이터 시각화 관련 BOG입니다. 특히 마지막쯤에 배운 게슈탈트 이론이 진짜 인상적이었습니다. 우리가 데이터를 눈에 띄게 디자인하는 방법을 7가지인가 배웠습니다. 근데 교수님이 거기서 끝내지 않고 재밌는 걸 해보자고 하셨습니다. 데이터 스토리텔링 잘한 사례 톱 20에서 몇 개를 골라서, 그 작가나 디자이너가 게슈탈트 이론 중 어떤 부분에 신경 썼을지 찾아보는 거였습니다.

이 활동을 하면서 진짜 많이 배웠습니다. 예를 들어 어떤 정보를 볼 때 제일 높이 솟은 부분에 눈이 먼저 간다든지, 아니면 색깔이나 다른 디자인으로 눈에 확 띄게 만드는 방법이라든지, 이런 걸 고려해서 디자인해야 사람들 눈에 잘 들어온다는 걸 알게 되었습니다. 이

BOG 덕분에 데이터를 어떻게 하면 사람들이 쉽게 알아볼 수 있게 표현할 수 있을지 실제로 느낄 수 있었습니다. 그냥 이론만 배우는 게 아니라 진짜 사례를 보면서 분석해 보니까 훨씬 와닿았습니다.

김수용 정말 인상 깊었던 건 교수님이 보여주신 맨해튼 인구변동 시각화 자료였습니다. 맨해튼 지도 위에 시간대별, 요일별로 인구이동을 보여주는 거였는데, 그걸 보고 정말 깜짝 놀랐습니다. 우리가 직접 조절해 가면서 인구이동을 볼 수 있었기 때문입니다. 이걸 보면서 깨달은 게 있습니다. 데이터를 분석하는 것도 중요하지만, 그 데이터를 어떻게 설명하고 보여주느냐가 정말 중요하다는 것입니다. 그 시각화 자료를 보고 나서부터 데이터 표현의 중요성을 진짜 실감했고, 너무 신기하고 흥미로웠습니다.

기억에 남는 과제가 있다면?

김혜인 저는 기말 과제가 가장 기억에 남습니다. 데이터 찾는 것부터가 난관이었습니다. 그 다음에도 한정된 자료로 의미 있는 내용을 전달하려 애썼습니다. 이 과정에서 주어진 상황에 맞게 빠르게 대응하고 창의적으로 해결책을 찾는 능력이 많이 향상된 것 같습니다. 루브릭이 자세해서 오히려 도움이 되었습니다. 아무것도 없는 상태에서 데이터 스토리텔링하라고 하는 것보다, 루브릭 하나하나를 생각하며 준비할 수 있어서 학생들에게 좋은 가이드라인이 되었을 것입니다. 저는 한 명의 인물을 등장시켜 가상 페르소나를 설정하고 이야기를 풀어가는 방식으로 했습니다. 스타트업 IR 발표 같은 느낌이 들어서 재미있었습니다.

차윤민 중간고사 과제가 특히 기억에 남습니다. 우리가 직접 설문조사를 설계하고, 배포하고, 응답을 수집하는 전 과정을 경험했기 때문입니다. 그 데이터로 상관관계를 분석하고 결과를 해석하는 작업이 정말 흥미진진했습니다.

가장 인상 깊었던 건 정제되지 않은 로우 데이터raw data를 다뤄본 경험입니다. 말도 안 되는 답변들을 걸러내는 과정이 특히 재미있었습니다. 예를 들어 일주일 수면 시간을 0시간으로 적은 응답자가 있었습니다. 이런 비현실적인 데이터를 어떻게 처리할지 고민하는 과정이 굉장히 교육적이었습니다. 데이터 정제data cleansing 작업을 하면서 실제 연구자들이 겪는 어려움을 체감할 수 있었습니다. 어떤 데이터를 유효하다고 볼지, 어디까지를 이상치로 처리할지 결정하는 게 생각보다 복잡했습니다. 이 과정에서 팀원들과 많은 토론을 했고, 데이터의 품질이 분석 결과에 얼마나 큰 영향을 미치는지 깨달았습니다.

김수용 저희 그룹에서도 말도 안 되는 데이터가 있었습니다. 저도 윤민과 비슷하게 중간고사가 가장 기억에 남았는데, 저희가 직접 데이터를 수집해서 분석을 했기 때문입니다. 사실 저는 그동안 대부분 구글에서 이미 있는 데이터를 활용해 온 경험이 대부분이었고, 이렇게 직접 데이터를 수집해 본 경험이 거의 없었습니다. 이번에 직접 데이터를 모아보니, 더 현실적인 이슈를 선택할 수 있었던 것 같습니다. 데이터를 모은 후에는 데이터 정제과정이 필요한데, 그게 예상보다 시간이 많이 걸려서 놀랐습니다. 그리고 저희가 설문조사를 만들어서 데이터를 받았는데, 막상 분석하려고 보니 쓸 만한 데이터가 별로 없다는 것도 새로운 경험이었습니다.

최민우 저도 데이터 분석 과정을 처음부터 밟았다는 게 가장 새로웠던 경험인 것 같습니다. 실수도 많이 했지만, 그만큼 제가 아직 발전할 부분이 많구나 라는 걸 깨달았기 때문에 좋았던 경험이었던 것 같습니다.

일상 속의 데이터 분석과 스토리텔링

최민우 제가 이번 방학에 친구들과 교육에 관한 탐구 질문을 가지고 도쿄로 연구 여행을 다녀왔습니다. 향후 보고서를 쓸 때 저희의 주장에 설득력을 높이기 위해 적극적으로 데이터 스토리텔링을 시도해 볼 예정입니다.

차윤민 이 수업을 통해 데이터를 더 비판적으로 바라보게 되었습니다. 예를 들어 학생성공원 성과 발표에서 제시된 데이터를 볼 때, 자퇴생이 제외되어 만족도가 쉽게 올라갈 수 있다는 점을 고려하게 되었습니다. 또, 동료 평가방식에서도 점수를 후하게 주는 사람이 불리할 수 있다는 생각을 했습니다. 이런 부분들을 어떻게 보정할 수 있을지 고민하게 되었습니다.

수업, 그 후

김수용 이 수업의 장점을 살리면서 개선할 점이 있다면, 데이터 분석과 다른 수업내용을 더 긴밀히 연결하는 것이 좋을 것 같습니다. 예를 들어 Sustainability and Equity 수업에서 배운 내용을 실제 UN의 지속가능발전목표sustainable development goals, SDGs 데이터로 분석해 보면 더 의미 있는 학습이 될 수 있을 것입니다.

김혜인 맞습니다. 그리고 학생들의 배경 지식 차이를 고려해 기초를 더 다지는 것도 중요할 것 같습니다. 교수님께서 학생 스터디그룹 형성을 고려 중이라고 하셨는데, 이런 방식으로 서로 도우며 학습하면 좋을 것 같습니다.

차윤민 데이터 분석 기법의 전제 조건이나 한계점에 대해 더 자세히 다루면 좋겠습니다. 특히 T-test 같은 경우, 정규 분포 가정의 중요성을 강조할 필요가 있습니다. 이를 통해 학생들이 더 정확하고 신뢰할 수 있는 분석을 할 수 있다고 생각합니다.

swim
the ee

I an
nighter

Great Harmony

Human
Communication

김수용 · 김혜인

이 과목은 설득력 있는 기법에 중점을 둔 효과적인 서면 및 구두 커뮤니케이션의 메커니즘을 심도 있게 탐구합니다. 학생들은 협업 기술을 향상시키고, 설득력 있는 주장을 구성하며, 다양한 관점을 경청하고 대응하는 능력을 기릅니다. 유토피아와 디스토피아의 주제를 통해 복잡한 아이디어를 전달하고, 의견을 설득하며, 사회적 도전에 대응하는 방법을 배웁니다.

주요 학습 목표

1. 다양한 형태와 맥락의 커뮤니케이션에서 메시지를 해석하기 위해 수사학적 분석을 사용할 수 있다.
2. 설득력 있는 커뮤니케이션을 구축하기 위해 글쓰기 과정의 모든 단계를 효과적으로 사용할 수 있다.
3. 설득력 있고 연구에 기반한 글쓰기를 위한 논증을 구성하고 강화할 수 있다.
4. 구두 커뮤니케이션을 통해 설득력 있는 논증을 만들고 그룹 환경에서 협력할 수 있다.

나의 이야기가 너의 마음에 닿으려면

김수용 이 수업에서는 다양한 텍스트를 통해 효과적인 의사소통 방법을 배웠습니다. 단순히 말하는 것을 넘어서, 어떻게 하면 메시지를 더 설득력 있고 효과적으로 전달할 수 있는지에 초점을 맞췄습니다.

김혜인 Human Communication이라는 수업 제목에 걸맞게 이 수업에서 읽기, 듣기, 말하기, 쓰기 등 다양한 형태의 커뮤니케이션을 배웠습니다. 특히 콘텐츠의 핵심 메시지를 분석하는 능력을 키웠고, 영어로 설득력 있게 의사를 전달하는 방법을 탐구했습니다.

김수용 처음에는 수업내용이 기대와 달랐습니다. Human Communication이라는 제목을 보고 뭘 배울지 예측하기 어려웠기 때문입니다. 특히 초반에는 글을 분석하는 데 중점을 두어서 '이게 과연 커뮤니케이션을 배우는 건가?' 하는 의문이 들었습니다. 하지만 수업이 진행될수록 이 모든 과정이 효과적인 의사소통을 위한 기초라는 것을 깨달았습니다. 마지막에 가서는 진정으로 어떻게 커뮤니케이션을 잘 할 수 있는지 배울 수 있었습니다.

《화씨 451》 & 〈세속적 쾌락의 정원〉

김수용 2학기 후반에 《화씨 451 _Fahrenheit 451_》이라는 책을 읽고 토론했던 것이 가장 기억에 남습니다. 교수님께서 이 책을 소개하셨을 때, 이 책의 주요 개념을 현실과 연결시켜 흥미로운 토론을 했습니다. 예를 들어 책의 주요 주제인 '정보의 통제와 억압'을 한국의 교육 시스템과 연결시켜 논의했고, 소셜미디어의 문제점과 연관지어 이야기했습니다. 이렇게 책의 내용을 현실의 다양한 측면과 연결지어 생각해 볼 수 있어서 정말 흥미로웠습니다.

김혜인 저는 〈세속적 쾌락의 정원 _The Garden of Earthly Delights_〉이라는 작품을 분석했던 것이 특히 기억에 남습니다. 우리는 이 작품에 대해 아무 정보 없이 순수하게 우리의 해석만으로 분석을 시도했습니다. 그 과정에서 학생들마다 정말 다양한 해석이 나왔습니다. 기독교 배경을 가진 학생들은 종교적 관점에서 해석했고, 그렇지 않은 학생들은 또 다른 시각으로 작품을 바라봤습니다. 이를 통해 한 작품에 대해 얼마나 다양한 해석이 가능한지 깨달았습니다.

김수용 맞습니다. 저도 처음에 〈세속적 쾌락의 정원〉을 봤을 때 어떻게 분석해야 할지 막막했습니다. 혼자 분석도 해보고 나중에는 위키피디아도 찾아봤는데, 결국 위키피디아의 해석도 누군가의 주관적인 해석일 뿐이라는 걸 깨달았습니다. 이 경험을 통해 예술작품 해석의 다양성과 주관성에 대해 깊이 생각해 볼 수 있었습니다.

김혜인 이와 더불어 분석을 할 때는 단순히 "나는 이렇게 느꼈다"라고 말하는 것 이상으로, 왜 그렇게 느꼈는지에 대한 근거를 제시하는 것이 중요하다는 것도 배웠습니다.

수사학적 분석 & 장르 인식

김혜인 이어서 제가 가장 기억에 남는 과제는 수사학적 분석rhetorical analysis 과제였습니다. 우리가 배웠던 파토스, 로고스, 에토스 같은 개념을 활용해 작품을 분석하는 과제였는데, 저는 피카소의 〈게르니카Guernica〉라는 작품을 선택했습니다. 이 그림은 스페인 내전을 배경으로 한 작품인데, 처음에는 단순히 '전쟁의 아픔을 표현한 것 같다'고만 생각했습니다. 이내 더 깊은 조사를 시작했고, 전쟁이 왜 일어났는지, 이 전쟁이 피카소에게 어떤 의미였는지 등을 찾아보면서 저만의 논리를 만들어 나갔습니다. 마침내 하나의 수사학적 분석을 해낼 수 있었습니다. 이 과정을 통해 분석이란 것이 단순한 느낌만으로 하는 게 아니라 논리적이고 체계적으로 할 수 있다는 것을 깨달았습니다.

김수용 저도 비슷한 경험이 있습니다. 처음에 했던 과제 중 하나였는데, 저는 시를 분석했습니다. 이 과제를 하면서 로고스, 파토스, 에토스 같은 개념을 적용해

봤는데, 특히 장르 선택의 의도에 대해 깊이 생각해 보게 되었습니다. 예를 들어 영화 <블랙 팬서Black Panther>를 분석하면서 각 장면의 화면비율이 어떻게 변하는지, 그리고 그것이 어떤 의미를 가지는지에 대해 생각해 봤습니다. 16:9 비율이었다가 갑자기 2.35:1 비율로 바뀌는 장면들이 있었기 때문입니다. 이런 세부적인 요소들이 글로는 표현할 수 없고 영화라는 매체를 통해서만 가능한 표현방식이라는 것을 깨달았습니다. 이전에는 한 번도 생각해 보지 않았던 부분들을 분석하면서 새로운 시각을 얻을 수 있었습니다.

김혜인 맞습니다. 처음에는 왜 이렇게 자세하게 분석해야 하나 싶었는데, 루브릭에 있는 항목들을 하나하나 채워가다 보니 모든 요소에 의미가 있다는 걸 깨달았습니다. 이런 과정을 통해 우리는 더 깊이 있고 체계적인 분석능력을 기를 수 있었습니다.

우리는 유토피아로 갈 것인가, 디스토피아로 향할 것인가

김혜인 이 수업에서는 커트 보네거트Kurt Vonnegut의 〈해리슨 버저론Harrison Bergeron〉부터 시작해서 소설, 회화, 영화, 연설문, 디지털 게임, 만화까지 다양한 장르의 작품을 다루었습니다. 전체를 관통하는 주제는 바로 '디스토피아와 유토피아'였습니다. 이렇게 하나의 주제가 수업 전체를 관통하고 있었던 것이 학습에 큰 도움이 되었습니다. 각 작품에 표현된 사회의 모습을 분석하며 '이상적인 사회란 무엇인가?'는 질문에 대한 생각을 한 학기 내내 이어갔습니다.

김수용 저는 《화씨 451》을 읽으면서 현실 사회에 대해 생각해 보았습니다. 소설 내용이 전반적으로 디스토피아를 다루고 있지만, 그 안에서도 유토피아적 요소가 있었습니다. 이를 통해 우리 실제 사회에서도 디스토피아적 요소와 유토피아적 요소가 공존한다는 것을 깨달았습니다. 결국 완벽한 유토피아나 디스토피아는 없다는 생각을 하게 되었습니다.

김혜인 《화씨 451》을 읽으면서 이 소설의 내용이 실제로 우리 삶에 적용될 수 있다는 것을 깨달았습니다. 소설에서 묘사된 내용과 현실 사회의 쟁점을 연결지어 소논문을 작성해 보며 인스타그램 중독이나 무비판적으로 뉴스를 보는 현대사회 속 현상 등이 《화씨 451》에서 묘사된 사회의 모습과 매우 비슷하다는 것을 알게 되었습니다.

이를 통해 우리 사회가 실제로 디스토피아로 갈 수 있다는 것을 깨달았고, 그만큼 '생각하며 사는 것'이 중요하다는 것을 느꼈습니다. 우리 태재대학교의 교육 방향이 소설에서 묘사된 '생각을 하지 않게 하는 교육시스템'과는 정반대라는 점도 인상 깊었습니다. 우리 대학에서는 오히려 자신의 생각을 말하고 비판적으로 사고하라고 격려합니다. 이런 교육을 받을 수 있다는 것에 감사함을 느꼈고, 이런 방식의 교육을 더 널리 알리고 싶다는 생각도 들었습니다.

소규모 수업의 장점, 깊이 있는 개별 피드백

김수용 교수님께서는 오피스 아워를 할 때마다 정말 도움되는 피드백을 주셨고, 단순히 "이렇게 해라"라고 말씀하시지 않고, 우리가 스스로 우리의 문제를 깨닫게 해주신 후에 피드백을 주셨습니다. 처음에는 그 필요성을 잘 몰랐는데, 해보니까 정말 도움이 많이 되었습니다. 특히 태재대학교의 장점인 '소규모 학급구성' 덕분에 교수님과 친구처럼 가깝게 소통할 수 있어서 좋았습니다.

김혜인 저도 동의합니다. 교수님이 정말 날카로운 피드백을 주셨습니다. 특히 리서치 페이퍼를 쓰고 프레젠테이션 하기 전에 주신 피드백이 많은 도움이 되었습니다.

그리고 저는 교수님의 따뜻한 태도가 정말 힘이 되었습니다. 단순히 "이런 부분을 개선해라"가 아니라 제가 이 과목에 더 흥미를 느낄 수 있게 해주는 피드백을 주셨습니다. 글로 주시는 피드백에서도, 오피스 아워 때 직접 해주시는 말씀에서도 그게 느껴졌습니다. 중간에 힘들어서 포기하고 싶었을 때도 교수님의 감동적인 피드백 덕분에 계속할 수 있었습니다.

Great Harmony

Judgement and Decision Making

차윤민 · 최민우

이 과목은 판단과 의사결정의 주요 접근법을 분석합니다. 주요 접근법 간의 기본적 차이점을 논의하는 것으로 시작하여, 인지적 편향과 휴리스틱에 의한 판단과 결정의 오류 가능성을 살펴봅니다. 실제 사례를 통해 인간의 선택과정을 탐구하고, 도덕적 판단과 의사결정을 평가합니다. 또한 우리 삶에서 판단과 의사결정의 중요성을 분석합니다. 학생들은 수업 전반에 걸쳐 능동적 학습 연습을 통해 이론적 개념을 실제상황에 적용합니다.

주요 학습 목표

1. 판단과 의사결정의 주요 접근법을 식별하고 이 주제에 대한 연구의 필요성을 인식한다.
2. 의사결정과 판단에서 휴리스틱과 편향의 역할을 분석한다.
3. 선택에 관한 규범적, 서술적, 처방적 이론을 평가한다.
4. 우리가 세계를 이해하는 방식에 대한 이론과 그것이 판단 및 의사결정에 미치는 영향을 분석한다.
5. 도덕적 추론 모델을 평가하고 그 사회적 함의를 파악한다.

합리적인 사람, 지혜로운 사람

차윤민 이 수업은 Critical and Rational Thinking 수업에서 배운 개념을 더욱 심화시킬 기회를 제공했습니다. 특히 인지편향과 휴리스틱을 통해 우리가 어떻게 비합리적인 판단을 내리는지에 대한 이해를 깊게 할 수 있었습니다. 두 수업 모두 비판적 사고의 중요성을 강조하지만, 이 수업에서는 실제 사례를 통해 이론적 개념을 더 실질적으로 적용하는 방법을 배웠습니다.

최민우 합리적이고 지혜로운 판단을 내리고 싶다는 생각에서 이 수업을 선택했습니다. 이번 수업에서는 실제상황에서의 판단 오류와 도덕적 결정 과정을 분석하는 데 집중했습니다. 이론적 지식이 어떻게 현실의 의사결정 과정에 적용되는지를 명확히 이해할 수 있었습니다.

사고의 구조를 시각화한 마인드맵과 인지편향 분석

최민우 이 수업에서는 거의 모든 과제가 마인드맵 제작이었습니다. 처음에는 계속 마인드맵 만드는 게 짜증이 나서 싫었는데, 다 만들고 나서 몇 달 지나고 다시 생각해 보니까 되게 신기했습니다. 마인드맵이 제 사고를 그려주는 것 같았습니다. 첫 번째 마인드맵이랑 구조가 계속 달라지는 걸 보니까 배운 게 있고 발전이 있구나 싶었습니다. 더 복잡한 내용을 다루면서도, 그것들 간의 관계가 보다 명료해진 느낌입니다.

한 가지 예시로, 발로란트라는 게임을 할 때 제가 내릴 수 있는 판단과 제가 편향될 수 있는 부분에 관련된 이야기를 짜서, 여러 가지 가능성이 어떻게 다루어질 수 있는지를 마인드맵으로 표현한 적이 있습니다. 수업에서 배운 이론을 활용하여 제 사고구조를 면밀하게 탐구할 수 있었습니다.

차윤민 와, 정말 흥미로운 주제라고 생각합니다. 제가 기억에 남는 건 마지막 파이널 과제였습니다. 수업에서 배운 인지편향 중에 U자형 그래프로 표현되는 편향이 있었는데, 노인이 되면 왜 고집이 더 강해지는지 분석해 봤습니다. 아기일 때와 노인일 때 나타나는 몇 가지 인지편향을 살펴보면서, '고령인구가 늘어나면 합리적인 판단을 내릴 수 있는 사람이 줄어드는 상황에 어떻게 대응할 것인가'를 주제로 과제를 했던 게 아주 흥미로웠습니다.

누구를 살릴 것인가?

최민우 가장 기억에 남는 건 트롤리 딜레마Trolley dilemma였습니다. 아시지요?

차윤민 마이클 샌델Michael Sandel의 《정의란 무엇인가 Justice: What's the Right Thing to Do?》에도 나왔던 딜레마인데, 저도 기억납니다.

최민우 명확한 답이 존재하지 않는 문제여서 더 재미있었습니다.

차윤민 맞습니다. 함께 수업을 들었던 학생들 중 누군가 되게 악마 같은 선택을 하기도 해서 인상 깊었습니다. 수업에서 다양한 버전의 트롤리 딜레마가 제시되기도 했습니다.

최민우 맞습니다. 그런 게 진짜 브레이크아웃 그룹 활동을 통해서만 배울 수 있었던 것이라고 생각합니다. 특히 이 수업에서만 배울 수 있었다고 생각하는 것이, 주어진 문제들에 명확한 답이 없었습니다. 각자 살아온 배경과 경험을 토대로 나름의 합리적인 결정을 내리는 건데, 그 결정이 모두 달랐습니다. 서로 다른 이유에서 같은 결정을 내린 때도 잦았습니다.

그런 것을 보면 이 수업에서 사람들의 심리랑 사고방식에 대해 배울 수 있었다는 생각이 듭니다. 똑같이 배우더라도 다른 접근이 나올 수 있구나 하는 것을 깨달았습니다. BOG를 통해 결국 내가 생각하지 못한 것을 다른 사람의 생각을 통해 배우는 것이 이 수업이 지향하는 커다란 목표라고 생각합니다. 그래서 명확한 답이 존재하지 않는 문제를 더 내고 학생의 서로 다른 생각을 끌어내는 BOG가 필요했던 것이라고 생각합니다.

하지만 BOG 초반에는 너무 단순하고 개념적인 토론이 많았다고 생각합니다.

차윤민 맞습니다, 저도 그 점이 아쉬웠어요. 에세이 같은 것을 쓸 때 '본인의 판단에 대해 어떤 휴리스틱이나 인지편향 때문에 한계가 있었다'와 같은 것을 주로 분석했습니다. 그런데 사실 더 재미있는 부분은 그 분석을 넘어 다른 사람의 주장을 들었을 때 그 주장에 어떤 휴리스틱이나 인지편향이 있는지까지 파헤치는 것이라고 생각합니다. 다른 사람의 판단을 비판하고 분석해 보는 것이 훨씬 흥미로웠습니다. 트롤리 딜레마를 다루었던 때는 이러한 학습이 원활했지만 다른 BOG에서는 부족했던 면도 있었다는 생각이 듭니다. 그래도 수업에 기대했던 것들이 이러한 활동을 통해 충족되어 즐거웠습니다.

최민우 맞습니다. 이런 생각도 듭니다. 트롤리 딜레마와 같은 주제로 토론을 하면 항상 영상으로 녹화됩니다. 영상을 다시 돌려보면서 우리가 서로의 주장에 어떤 휴리스틱이나 인지편향이 있었는지 다시 한 번 찾아보는 것은 어떨까요?

차윤민 와, 재밌을 것 같습니다! 그러면 복습도 되고 어느 정도 시간이 흐른 후에 생각을 이어가 보는 것이니 이전에는 발견하지 못했던 것을 이야기 속에서 찾아내기도 하며 더 섬세하게 분석해 볼 수 있겠습니다. 좋은 방법입니다.

우리의 대화 속에서 발견한 오류

최민우 이 수업에서 배운 내용 중 실생활에 적용할 수 있었던 부분이 있었나요?

차윤민 여러 순간들이 떠오릅니다. 수업 후에는 친구들과 농담처럼 "너 지금 바이어스bias 걸렸다"거나

"그거 휴리스틱이야" 같은 이야기를 하곤 했습니다. 실질적으로 큰 변화를 가져온 것은 아니지만, 무의식적으로 하던 행동의 몇 가지를 인식할 수 있게 되었습니다.

최민우 저도 비슷한 경험을 했습니다. 대화 중에 이제는 별 설명 없이도 "너 지금 확증편향 confirmation bias이다"라고 하면 다들 수긍합니다. 이런 지식을 자주 배우다 보니 스스로의 주장에서 논리적 오류를 더 쉽게 인식하고 받아들이게 됩니다. 그래서 소통이 더 원활해지고 논의가 더 나은 방향으로 발전하는 것 같습니다. 수업내용을 실제로 활용하니 재미있었습니다.

Intellectual Stimulation

- Innovation
- Creativity
- Goals
- Challenge

Idealized Influence

- Role Model
- Walk the Walk
- Enthusiasm
- Embody Value

Individualized Consideration

- Mentorship
- Empathy
- Purpose
- Strength & Skills

Transformational Leadership

Inspirational Motivation

- Clear Vision
- Optimism
- Inclusion
- Productivity

Great Harmony

Leadership and Collaboration

김세준 · 박재홍

오늘날 점점 더 상호 연결되고 세계화되는 세상에서 효과적인 리더십과 협업 능력은 단순히 바람직한 것이 아니라 필수적입니다. 이 과목은 학생들이 리더십의 다면적 특성과 협력적 환경의 역학을 분석하는 데 도움을 줍니다. 학생들은 다양한 리더십 이론을 분석하고 비교 대조하는 방법을 배우며, 다양하고 다문화적인 환경에서 리더가 된다는 것이 무엇을 의미하는지 특징짓습니다. 이 과정은 학생들에게 리더십과 협업 모두에서 감성 지능과 성장 마인드셋의 역할을 고려하도록 초대합니다. 리더십 기술을 넘어, 학생들은 효과적인 팀 구성원이 되는 방법도 배웁니다. 학생들은 리더로서 귀중한 팀 구성원의 효과성을 증폭시키는 전략과 기술을 배울 것입니다. 학생들은 문화 간 협력, 포용성 증진, 다양성 활용을 위한 지식과 도구를 갖추게 되어 생산적인 협업뿐만 아니라 혁신적인 결과까지 보장할 수 있게 됩니다.

주요 학습 목표

1. 리더십의 본질을 특징짓는다.
2. 효과적인 리더십과 협업에 필요한 기술을 특징짓는다.
3. 리더와 팀 구성원 모두로서 팀과 효과적으로 일하는 방법을 식별한다.
4. 팀 리더십과 협업에 프로젝트 관리원칙을 특징짓고 적용한다.

어떤 리더가 좋은 리더인가?

박재홍 다양한 리더의 형태와 각 형태가 어떤 상황에서 효과적인지 배웠습니다. 리딩 과제를 통해 실제 사례와 함께 토론하면서 배운 내용을 실질적으로 적용하는 기회를 가졌던 게 인상적이었습니다.

김세준 맞아요. 심리적 안정감, 커뮤니케이션 스킬 등 리더로서 중요한 요소들을 깊이 다뤘고, 다양한 리더십 유형을 탐구하면서 자기 이해를 높일 수 있었습니다. 특히 소규모 수업이라 더 깊이 있는 토론이 가능했다고 생각합니다.

박재홍 리더십을 막연히 알고 있었던 것에서 벗어나, 다양한 개념과 기준들을 통해 내 리더십 스타일을 객관적으로 분석할 수 있었던 점이 새로웠습니다. 실제로 다른 사람들의 스타일도 비교해 보면서 더 명확하게 이해할 수 있었습니다.

내가 좋은 리더가 될 수 있을까?

박재홍 중간과제로 성공적인 리더십 케이스와 그렇지 않은 케이스를 다뤘습니다. 가상상황을 만들면서 실제 팀 프로젝트 경험을 반영했습니다. 이를 통해 우리가 배운 리더십이 실제상황에서 어떨 때 유용하고 어떨 때 문제가 되는지 생각해 볼 수 있었습니다.

김세준 저도 그 과제가 기억에 남습니다. 그리고 리더십 저널도 좋았습니다. 저널이 한 9개 정도 있었는데, 짧게 짧게 계속 쓰는 게 마음에 들었습니다. 우리 경험을 가져와서 쓰다 보니 실패 경험도 수업에서 배운 걸로 분석할 수 있었고, 나중에 보면 내 생각이 어떻게 변했는지도 알 수 있었습니다.

박재홍 맞습니다. 러닝 아웃컴 체크[LOC]는 여러 리딩을 한꺼번에 다뤄야 해서 부담스러웠는데, 저널은 매주 하나씩 쓰니까 그 주의 내용만 다루면 돼서 좋았습니다. 개념과 저의 경험을 연결지어서 쓰니까 개념을 이해하는 데도 도움이 많이 되었습니다.

나의 삶 속 나는 어떤 리더였는가?

김세준 수업내용을 의식적으로 적용하려고 하지는 않았습니다. 오히려 제가 이미 하고 있던 행동들이 수업에서 배운 개념과 일치한다는 걸 알게 되었습니다. 예를 들어 전시회 때 피드백을 조심스럽게 하자고 했던 게 심리적 안정감과 관련 있었습니다.

박재홍 저는 좀 달랐습니다. 제가 공감 능력에 비해 직관적으로 얘기하는 게 부족하다고 배웠기 때문입니다. 그래서 의식적으로 그 부분을 개선하려고 노력했습니다. 저와 다른 성향의 사람들과 대화를 더 많이 하려고 했습니다.

김세준 아, 다이렉트 피드백 direct feedback 같은 거 말씀하시는 것일까요?

박재홍 네, 맞습니다. 다이렉트 피드백을 주는 걸 연습하고 있습니다. 상대방의 감정을 배려하면서도 명확하게 의견을 전달하는 밸런스를 찾으려고 노력하는 중입니다.

김세준 저는 오히려 제가 생각보다 다이렉트하다는 걸 알게 되었습니다. 수업을 통해 제 스타일을 더 잘 이해하게 된 것 같습니다.

퍼실리테이터로서 교수님의 역할

박재홍 교수님은 퍼실리테이터의 이상적인 모습을 보여주셨습니다. 우리가 토론을 주도하도록 유도하면서, 필요할 때 개인 경험을 공유하거나 핵심 내용을 정리해 주셨습니다. 토론이 산만해질 때마다 다시 모아주시는 역할도 해주셨습니다.

김세준 맞습니다. 데릭 널트 Derrick M. Nault 교수님이 정말 좋았습니다. 브레이크아웃 그룹활동 준비를 잘 해오셨고, 퍼실리테이터 역할도 잘 하셨습니다. 특히 학생들의 답변을 기다려주는 스타일이어서 편했습니다. 다른 교수님들과 달리 누군가를 지목해서 부담을 주는 대신, "이런 점에서 생각해 본 거 없나요?"라고 물어보시면서 기다려 주셨습니다.

박재홍 그래서 수업분위기가 자유로웠던 것 같습니다. 소규모 수업이다 보니 개인이 의견을 말할 기회가 많았고, 교수님의 진행방식 덕분에 액티브 러닝에 가까웠습니다. 학생들끼리 직접 시도해 보고 서로 얘기를 나눌 기회가 많았습니다. 다른 과목들과 비교했을 때 이 과목에서는 저희가 직접 뭔가 시도해 보는 것도 많고, 서로 얘기를 해보는 것도 많고 그래서 그런 부분들이 좀 강점이었던 것 같습니다.

김세준 맞습니다. 다만 한 가지 아쉬운 점이 있다면, 가끔 학생들이 준비를 안 해오거나 참여를 안 할 때가 있었습니다. 그럴 때마다 교수님이 끌어내야 하는 상황이 발생했습니다. 이런 상황에 답답함을 느끼고, 저희가 조 안에서 미니 퍼실리테이터 역할을 해보자고 마음

먹었던 것이 기억납니다. 조 안에서도 토의를 주도하고 다른 친구들에게 질문을 던지면서 수업에 활기를 불어넣고자 노력했습니다.

박재홍 이 수업은 태재대학교에 처음 들어올 때 기대했던 그대로 진행되었습니다. 읽기 자료와 토론의 밸런스를 잘 잡았다고 생각합니다.

김세준 맞아요. 다른 수업에서는 그냥 읽고 끝났지만, 여기서는 읽은 내용으로 토론을 많이 했습니다.

소통과 협업

김세준 리더십 수업을 통해 커뮤니케이션에 대한 제 인식이 많이 바뀌었습니다. 특히 문화적 차이에 따른 소통방식의 차이를 이해하게 되었습니다. 예를 들어 이스라엘에서 온 샤할Shahar Bezalel의 직설적인 화법을 처음엔 이해하기 어려웠는데, 수업에서 배운 '문화 차이 극복하기'를 통해 그 이유를 알게 되었습니다.

그리고 사실 저는 아직까지 엄청난 스페셜리스트라기보다는 그냥 같이 뭘 하는 걸 좋아하고, 새로운 걸 시도하는 걸 좋아하는 스타일입니다. 그래서 리더십이라는 역량에 되게 끌렸던 것 같습니다. 이 과정을 통해서 좀 더 개념적으로 완성된 리더십에 대해 이해하게 되었습니다. 그리고 내가 어떤 유형의 리더십에 더 가까운지도 알게 되었습니다. 나 자신을 좀 더 잘 이해할 수 있게 된 계기가 된 것 같습니다. 그런 의미에서 무척 값진 경험이었습니다.

박재홍 우리가 이번에 배운 건 리더로서 갖춰야 할 자질과 더불어 팔로워들이 어떻게 행동해야 리더와 시너지를 낼 수 있는지에 대한 것입니다. 앞으로 우리는 태재대학교 소속이 아니더라도 리더가 되거나 팔로워가 되는 상황을 맞이하게 될 텐데, 각각의 상황에서 어떻게 해야 가장 효과적으로 목표를 달성할 수 있는지를 배우게 된 것입니다.

예를 들어 내가 팀원인데 리더가 비전에만 몰두하

는 스타일이라면, 나는 그 비전을 이루는 걸 보조하면서 리더의 부족한 부분을 보완해 줄 수 있습니다. 반대로 내가 리더인데 비전이 부족하다면, 비전이 뚜렷한 팀원을 영입하는 식으로 팀을 보완할 수도 있을 것입니다. 이런 경험들 덕분에 앞으로 팀 활동을 하거나 다른 일을 할 때도 내가 어느 방향으로 노력해야 할지 좀 더 분명해진 것 같습니다. 이런 역량들이 앞으로 큰 도움이 될 거라고 생각합니다.

김세준 리더십을 배우면서 가장 크게 깨달은 게 위임의 중요성인 것 같습니다. 전에는 리더가 되면 모든 걸 다 내가 해결해야 한다는 부담감 때문에 위임이 쉽지 않았습니다. 근데 이번에 위임도 리더의 핵심 역할 중 하나라는 걸 알게 되었습니다. 상황에 맞게 적절하게 위임하면 팀이 더 효율적으로 일할 수 있다는 걸 깨달은 것입니다. 그 후로 팀원들한테 일을 나눠주니까 진짜 일이 더 빨리 끝났습니다. 앞으로는 상황에 따라 위임을 잘 활용해 볼 생각입니다.

Great Harmony

Navigating
Social System

김혜인 · 박재홍

이 과목은 학생들이 세계의 사회시스템과 구조를 식별, 분석, 참여하도록 돕습니다. 사회학, 사회심리학, 인류학, 정치학, 경제학, 지리학의 현대적 학문 프레임워크를 사용하여 사회적 정체성, 구조, 제도를 분석하고 이들이 글로벌 커뮤니티에서 어떻게 기능하는지 학습합니다. 또한 이러한 시스템 내에서 자신의 역할을 인식하고, 사회구조 내의 도전과제를 조사하며 해결책을 개발하고 적용하는 방법을 배웁니다.

주요 학습 목표

1. 사회시스템, 사회구조, 인간행동 및 정체성을 분석하는 프레임워크를 특성화할 수 있다.
2. 사회구조와 제도를 설명하고 그 기능을 분석할 수 있다.
3. 사회적 정체성과 역할을 분석하고, 사회 내부 및 사회 간의 긴장원인으로서 사회적 정체성이 어떻게 작용하는지 설명할 수 있다.
4. 사회시스템 내에서 자신의 역할을 파악하고, 어떤 사회구조가 자신의 행동과 정체성에 영향을 미치는지, 반대로 자신의 행동과 정체성이 사회구조에 어떤 영향을 미치는지 식별할 수 있다.

사회를 보는 렌즈를 배우다

김혜인 이 수업에서는 다양한 사회시스템을 심도 있게 학습했습니다. 이 수업은 Diversity, Empathy, and Global Citizenship 수업의 연장선에 있었지만, 사회구조와 시스템에 대해 더 깊이 있게 접근했습니다.

Diversity, Empathy, and Global Citizenship 수업이 다양성의 종류를 개괄적으로 다뤘다면, 이 수업에서는 그 다양성이 사회 안에서 어떻게 동화되고 공존하는지, 그리고 사회구조에 어떤 영향을 미치는지에 초점을 맞췄습니다.

박재홍 어떻게 보면 조금 더 우리 생활이랑 접점이 있는 얘기를 많이 했던 것 같습니다. 그리고 사회학의 주요 이론들, 예를 들어 상징적 상호작용론 symbolic interactionism, 사회구성주의 social constructivism, 실천이론 practice theory 등도 배웠습니다. 이런 이론적 틀을 통해 다양한 사회현상을 분석하는 방법을 익혔습니다.

자유토론, 아는 만큼 보인다

박재홍 가장 기억에 남는 활동은 교육관련 오픈 디스커션이었습니다. 교수님께서 학생들의 피드백을 반영해 한 수업 전체를 디스커션으로 진행하셨는데, 매우 유익했습니다. 각자의 교육경험을 공유하며 사회학적 개념들을 적용해 볼 수 있었습니다. 그 수업이 제가 태재대학교의 교육 방향성을 들었을 때 딱 기대했던 수업 형태였습니다.

김혜인 맞습니다. 그 수업에서 우리는 기대expectation, 역할role, 규범norm 등의 개념을 우리의 실제 교육경험에 적용해 보았습니다. 예를 들어 각 나라의 학교시스템에서 어떤 기대가 학생들에게 부여되는지, 어떤 행동이 그 역할에 걸맞다고 여겨지는지 등을 논의했습니다. 그리고 이 활동을 통해 우리가 배운 이론들, 예를 들어 실천이론이나 사회구성주의가 실제 사례에 어떻게 적용되는지 볼 수 있었습니다.

김혜인 하지만 이런 자유로운 토론이 효과적이려면 충분한 배경지식이 필요하다는 것도 깨달았습니다. 처음부터 이런 방식으로 수업을 진행했다면 깊이 있는 토론이 어려웠을 것 같습니다. 이 수업 이전에 심도 있는 조별 토론이 있었기에 이러한 세미나 형식의 수업이 가능했다고 생각합니다.

김혜인 교차성intersectionality에 대한 토론이 기억에 남습니다. 교수님께서 최근의 국제 정세와 관련해 흥미로운 예시를 들어주셨어요. 서로 다른 가치관을 가진 집단들이 특정 이슈에 대해 예상치 못한 연대를 보이는 경우가 있다고 하셨죠. 이런 현상이 때로는 모순적으로 보일 수 있다는 점이 인상 깊었습니다.

박재홍 맞아요. 교수님의 그런 지적들이 가끔 있었습니다. 논리적으로만 봤을 때는 이해하기 어려운 상황들이 현실에서는 실제로 일어날 수 있다는 점을 배웠습니다.

김혜인 네, 이런 사례를 통해 교차성의 개념을 더 깊이 이해할 수 있었습니다. 한 개인 안에 여러 가지 정체성이 있고, 그것들이 복잡하게 교차한다는 것입니다. 결국 종교, 교육, 젠더 등 다양한 요소들이 한 개인을 설명하면서 동시에 사회 전체의 복잡성을 보여준다고 볼 수 있습니다.

교육시스템, 사회경제적 지위, 그리고 사랑

박재홍 영상제작 과제가 특히 기억에 남습니다. 텍스트로 표현하기 어려운 내용을 더 자유롭게 표현할 수 있었지만, 동시에 제작에 많은 시간이 소요되어 어려움도 있었습니다. 특히 중간고사 과제로 교육시스템과 사회경제적 지위의 관계에 대한 영상을 만들었는데, 팀원들의 다양한 교육배경 덕분에 풍부한 내용을 담을 수 있었습니다.

김혜인 저희 팀은 성 역할과 젠더 관련 주제로 영상을 제작했습니다. 단순한 과제를 넘어 사회적 메시지를 전달하고자 노력했습니다. 한국 사회에서 변화하는 성역할에 대해 다루었고, 특히 '사랑'의 의미에 대해 질문을 던졌습니다.

"모든 것을 정확하게 반반으로 나누는 것이 정말 사랑인가?"

"똑같이 반반으로 나눠서 생활한다 하더라도 그 동기가 나의 손해를 최소화하기 위함인가, 상대의 수고를 덜어주기 위함인가?"

이러한 질문을 바탕으로 모든 것을 철저하게 양분하는 부부생활이 계속되었을 때 과연 어떤 갈등이 일어날지를 중심으로 시나리오를 짰고, 이 과정에서 Human Communication 수업에서 배운 설득력 있는 메시지 전달방법도 활용할 수 있었습니다. 수업에서 배운 여러 이론들을 총망라하여 작품 속에 녹여내야 했기에 어려움도 있었지만, 이 기회를 통해 사회문제를 한층 더 깊이 있는 시선에서 분석해 볼 수 있었습니다.

태재대학교에 꼭 필요한 수업

김혜인 이 수업이 태재대학교에서 특히 중요한 이유는 우리가 한국, 일본, 미국, 중국, 러시아 등 여러 나라를 방문하기 때문입니다. 여러 나라에 갔을 때 단순히 기숙사에 머물러 있지 않고 나아가서 그 나라를 정말로 이해하고 경험할 수 있게 해주는 필수적인 능력을 길러주는 수업이었습니다.

특히 이 수업에서는 다른 수업들에 비해 훨씬 많은 실제 사례를 다루며 이러한 능력을 훈련시켜 주었습니다. 예를 들어 어떤 나라의 빈곤문제를 해결하려 할 때, 사회학적 관점에서 먼저 확인해야 할 것은 그 나라에서 빈곤을 개인의 책임으로 보는지, 아니면 정부의 책임으로 보는지와 같은 인식의 차이입니다.

이런 인식은 나라마다 다르기 때문에, 이를 이해하는 것이 문제해결의 첫 단계가 됩니다. 단순히 '미국은 이렇구나'하며 표면적으로 이해하는 것이 아니라 그 사회의 관행Practice이 어떻게 사회구조를 공고화하는지, 또는 교차성이 한국과 비교해서 어떻게 다르게 인식되는지 등을 볼 수 있게 해줍니다.

물론 이것만으로는 부족하고, 언어 공부나 추가적인 리서치 등이 함께 이루어져야 하지만, 향후 해외경험을 하며 이 수업에서 배운 내용을 제대로 활용할 수 있을 것이라고 생각합니다.

이 수업을 통해 우리는 "그 나라의 언어를 배워야 한다" 또는 "그 나라의 문화를 이해해야 한다"와 같은 추상적인 조언을 넘어서, 구체적으로 그 사회에서 어떤 상징들이 통용되고 있는지, 사람들이 어떤 믿음을 가지고 있는지, 어떤 일상적인 관행들을 하고 있는지 등을 이해할 수 있게 되었습니다.

박재홍 사회 안에서 개인의 정체성을 탐구해 볼 수 있었습니다. 제가 문화적으로 한국과 미국 사이에 어중간한 위치에 있다고 느꼈는데, 이 수업을 통해 양쪽을 더 명확하게 이해할 수 있게 되었습니다.

학생의 한계를 부수어주는 것, 교수님의 역할

김혜인 교수님의 역할 중 가장 기억에 남는 것은 태국 레이디보이ladyboy에 대한 토론이었습니다. 교수님께서 태국에 거주하셨고, 아내분도 태국 분이셔서 레이디보이들을 직접 많이 만나보셨다고 합니다. 교수님의 실제 경험과 깊이 있는 이해 덕분에 토론이 다른 길로 새지 않고 풍부하고 의미 있게 진행될 수 있었습니다. 특히 교수님께서는 자신의 견해를 일방적으로 주입하기보다는 우리가 다양한 관점에서 생각해 볼 수 있도록 퍼실리테이팅을 잘 해주셨습니다.

박재홍 맞습니다. 교수님께서는 정말 다양한 경험을 가지고 계셨습니다. 미국에서의 경험, 태국에서의 경험, 그리고 정치 분야에서 일하면서 느낀 점들을 많이 공유해 주셨습니다. 교수님의 개인적인 이야기들이 수업을 더 풍부하게 만들어주었습니다.

김혜인 그리고 토론 주제와 관련된 다큐멘터리도 많이 추천해 주셨습니다. 그런 자료들이 주제를 이해하는 데 큰 도움이 되었습니다. 특히 인상 깊었던 건, 교수님이 학생들이 이론에 압도되어 위축되는 걸 걱정하셨다는 사실입니다. 예를 들어 실천이론 같은 개념을 배우면 너무 대단해 보이기도 합니다. 이 이론으로 정말 많은 걸 할 수 있겠다고 느끼면서도, 동시에 '나는 그저 학생일 뿐이고, 이 이론을 만든 사람들은 대단한 학자들이야'라고 생각하며 위축될 수 있습니다.

교수님께서는 우리를 "Young Scholar"라고 부르시면서, 우리에게도 충분히 스스로 생각하고 이론을 활용할 수 있는 능력이 있다며 격려해 주셨습니다. 이런 건 사실 일반적인 커리큘럼에서는 배울 수 없는 내용이라 정말 인상 깊었습니다.

박재홍 맞습니다. 제가 보기에도 교수님은 정말 강한 추진력을 가지고 계셨습니다. 계속해서 뭔가를 시도해 보도록 밀어주시는 느낌이었습니다. "좀 더 자유롭게 얘기해 봐라"라고 하시면서 계속 독려해 주셨습니다.

Great Harmony

Sustainability and Equity

김수용 · 최민우

이 과목은 학생들이 과학적 개념을 글로벌 지속가능성 과제에 적용하는 방법을 배우도록 돕습니다. 지속가능성의 개념을 소개하고 UN의 지속가능발전목표를 검토하며 이해를 적용합니다. 생물학, 화학, 생태학, 환경과학, 기술, 공학, 사회과학, 인문학 등 다양한 분야의 이론을 적용하여 UN의 지속가능성 노력을 분석하고 자신만의 새로운 접근법을 개발합니다.

주요 학습 목표

1. UN 지속가능발전목표의 맥락에서 지속가능성 개념을 분석할 수 있다.
2. 인간의 건강과 웰빙 증진을 위한 지속가능성 노력에 생화학적 개념을 적용할 수 있다.
3. 기후와 환경의 지속가능성 증진 전략을 평가하기 위해 생태학적 원리와 접근법을 분석하고 사용할 수 있다.
4. 인류의 지구 발자국을 줄여 지속가능성을 촉진하는 방법을 분석하고 개발하기 위해 환경과학의 개념을 적용할 수 있다.
5. 지속가능한 커뮤니티 인프라 개발을 위한 공학 및 지리학적 접근법을 평가할 수 있다.
6. 사회과학의 원리와 관점을 적용하여 지속가능성과 사회정의 문제의 교차점을 분석할 수 있다.
7. 정치학과 인문학 분야의 관점을 검토하여 글로벌 지속가능성을 위한 다층적 거버넌스 노력의 중요성을 평가할 수 있다.

SDGs, 넌 누구니?

김수용 저는 UN의 지속가능발전목표Sustainable Development Goals, SDGs에 대해 깊고 자세하게 배울 수 있었던 기회였다고 생각합니다.

최민우 저도 처음으로 SDGs를 배웠는데, 이 수업을 통해 SDGs가 무엇인지 알아가면서 사회와 글로벌 이슈에 더 많은 관심을 가지게 되었습니다.

SDGs에 관한 영상을 제작했던 중간 프로젝트

최민우 가장 기억에 남는 과제는 중간 프로젝트였습니다. SDGs에 대한 솔루션을 제 나름의 방식으로 전달하는 단편 다큐멘터리를 만들었습니다. 제가 좋아하고 재미있어하는 분야였기 때문에 더 많은 시간을 쏟으며 즐겁게 작업할 수 있었습니다.

김수용 저도 중간 프로젝트가 가장 기억에 남습니다. 각 그룹이 하나의 SDG를 선정해 그 목표와 현재 상황, 필요한 액션 등을 배우고 영상을 만들어 발표했던 것이 인상 깊었습니다. 또 하나 기억에 남는 것은 수업 후 유튜브 영상을 보고 소감을 적었던 과제였습니다. 특히 '토양'에 대한 영상을 보고, 토양의 중요성과 좋은 토양이 개발도상국의 경제와 사회에 미치는 영향을 배웠던 것이 기억에 남습니다. 토양을 주제로 여러 가지 SDGs가 서로 어떻게 연결되어 있는지, 그리고 그것이 실질적인 해결책을 찾는 데 어떻게 도움이 되는지를 배울 수 있었던 것 같습니다.

일상 속 SDGs의 발견

최민우 YMCA 100주년 기념 포럼에서 기후위기와 관련된 세미나를 들을 때도 기후위기와 다른 SDGs가 어떤 연관성을 갖고 있는지 생각해 볼 수 있었습니다. SDGs 자체에 대한 이해도를 높임으로써 이를 주제로 더 많은 사람들과 공감대를 형성하고 그들과 생산적인 대화와 의미 있는 행동을 함께 할 수 있다는 가능성을 발견했던 시간이었습니다.

김수용 저는 중간 프로젝트에서 'SDGs 12번: 책임 있는 소비와 생산'을 탐구했습니다. 이를 실생활에 적용하여, 기숙사 내 분리수거 문제를 해결하고자 했습니다. 많은 사람들이 올바른 분리수거 방법을 몰라 어려워하는 것을 보고, 직접 가이드라인을 만들어 공유했습니다. 이를 통해 공유주거공간에 사는 사람들에게 실질적인 도움을 줄 수 있었습니다.

결국 판단은 우리가 하는 것

김수용 스티븐 셜리Steven Shirley 교수님께서는 수업을 중립적으로 진행하려고 하셨고, 학생들의 다른 의견도 존중해 주셨습니다. 예를 들어, 수업교재에서는 기후변화가 인간의 활동 때문에 발생했다고 설명하지만, 교수님은 반대하는 과학자들의 의견도 알려주셨습니다. 단순히 SDGs의 내용을 주입식으로 학습하는 것이 아니라, 해당 목표들이 정해진 배경, 이와 관련된 정치적 이해관계 등을 다방면에서 파고들어 볼 수 있었습니다. 교수님께서는 우리가 스스로 판단하고 생각할 수 있도록 도와주셨습니다.

수업, 그 후

김수용 이 수업을 통해 SDGs가 한 나라만의 문제가 아니라 전 세계적으로 다뤄야 할 문제라는 것을 한 번 더 깨달았습니다. 나중에 글로벌 리더가 되어 이러한 문제를 해결하는 데 도움이 될 역량을 키울 수 있었던 것 같습니다.

최민우 저는 원래 글로벌 이슈에 관심이 없었지만, 이 수업을 통해 자신을 글로벌 시민으로 인식하게 되었습니다. 그것만으로도 큰 성과였다고 생각합니다.

최민우 학생 인터뷰

태재대학교 학생들은 1학년 2학기 공통수업으로 Sustainability and Equity이라는 과목을 수강한다. 이 수업을 통해 학생들은 UN이 결의한 "지속가능한 발전을 위한 17가지 목표"에 대해 배우고 글로벌 의식을 깨우친다. 이 과목에서 중간고사 대신 진행한 과제는 조별로 17가지 목표 중 하나를 골라 다큐멘터리를 찍는 활동이었다. 이 중 <Leak from our hand>라는 단편영화를 만든 조의 최민우 학생을 인터뷰해 보았다.

SDGs 6: 깨끗한 물과 위생

모두를 위한 식수 및 위생시설의 접근성을 확보하고 지속가능한 관리를 확립한다.

Q: Sustainability and Equity 수업을 들으면서 어떤 배움을 얻어가고 있나요?

A: 여러 SDG를 배우며 SDG들이 어떻게 연결되어있는지 배우고 있습니다. 4월 중순 제주도에서 열린 YMCA 100주년 기념 포럼에서 기후위기와 관련된 세미나를 들을 때도, 기후위기와 다른 SDG들이 어떤 연관성을 갖고 있는지 생각해 볼 수 있었습니다. SDG 자체에 대한 이해도를 높임으로써 이를 주제로 더 많은 사람들과 공감대를 형성하고 그들과 생산적인 대화와 의미 있는 행동을 함께 할 수 있다는 가능성을 발견했던 시간이었습니다.

Q: '단편영화'라는 매체를 선택하게 된 계기가 있을까요?

A: 다른 건 식상하잖아요. (웃음) 평소 영화를 좋아합니다. 디스토피아적인 미래를 상상하고 쓰여진 레이 브래드베리Ray Bradbury의 《화씨 451》처럼, 저희는 SDGs 목표가 이루어지지 않은 미래를 상상해 봤습니다. 이 목표들이 이루어지지 않은 미래와 과거를 오가는 주인공을 통해 우리가 지금 어떤 액션을 취해야 하는지 강조하고 싶었습니다. 이를 위해서는 어떤 매체보다도 영화가 효과적일 것이라 판단하였습니다.

Q: 핵심장면 중심으로 작품을 설명해 주실 수 있나요?

A: 저희 영화의 제목이 <Leak from our hand>입니다. 물리적인 누수보다도 우리의 무지로 인한 수자원의 낭비가 더 많다는 의미를 담았습니다. 영화의 첫 장면에서, 전 세계적으로 물 부족이 심각해진 2030년, 주인공이 수자원 고갈의 원인 중 하나가 사람들의 인식 부족임을 다룬 논문을 보다가 이를 쓰레기통에 던집니다. 이는 인식 부족에 대한 경각심이 없는 개인을 상징

합니다. 이후 학자는 2015년으로 돌아가 사람들에게 물 부족에 대한 경각심을 가져야 함을 설파하며 산전수전을 겪은 뒤 다시 2030년으로 돌아옵니다. 마지막 장면에서 학자는 자신이 논문을 버렸던 쓰레기통을 바라보며 영화는 끝이 납니다.

Q: 이번 중간 과제를 통해 무엇을 느끼셨나요?

A: 물이 부족한 상황에서는 소중함을 느끼지만, 막상 늘 곁에 있다 보니 소중함을 느끼기 쉽지 않은 것 같습니다. 물이 풍족한 사회에 사는 사람들에게는 물이 부족한 상황이 쉽게 와닿지 않는 것이죠. 관련 영화를 봐도 '아 그렇구나'고 넘어가곤 합니다. 어떻게 하면 사람들에게 물의 소중함을 각인시킬 수 있을지 고민하고 있습니다. 단편영화의 스토리를 기반으로 물의 소중함을 일깨우는 광고를 제작하고 싶습니다.

Q: 남은 수업들을 통해 궁극적으로 얻어가고 싶은 것은 무엇인가요?

A: SDGs를 배우는 목표가 무엇인지를 스스로 납득하고 싶습니다. 단순히 이것이 세계적인 어젠다여서 배운다기보다, 제가 이것을 배워서 무엇을 할 수 있는지를 찾아나가고 싶습니다. 늘 '그래서 내가 이 문제를 해결하기 위해 무엇을 할 수 있는데?'는 생각을 하게 되는 것 같습니다. 이와 더불어, SDGs가 발표되기 이전에도 Millennium Development Goals이라는 게 있었는데, 그중 실현된 것은 얼마 되지 않습니다. 2030년, SDGs를 평가해볼 때 그때까지 실현되지 못한 목표들이 대부분일 수 있겠다는 생각이 들었습니다. 과연 SDGs가 정말 실현가능한 목표들인지, 얼마나 서술적 descriptive인지, 얼마나 규범적 normative인지, 관행적인 모델 prescriptive model인 건지 등에 대해 알아보고 싶습니다.

Q: 마지막으로 하고 싶은 말씀해주세요!

A: 저희는 이번 영화를 통해 개개인의 인식의 중요성이 얼마나 큰지를 이야기하고 싶었습니다. 태재대학교에 온 사람이라면, 그리고 태재대학교에 관심이 있는

사람이라면 자기 자신의 안위와 성공뿐만 아니라 더 많은 사람들에게 긍정적인 영향을 주고, 의미 있는 일을 하는 삶을 추구할 것입니다. 세상을 바꾸기 위해서는 먼저 우리 자신이 바뀌어야 하지 않을까요? 큰 목표만 바라보지 말고, 우리의 사소한 행동부터 바꾸어 나가봅시다.

[Sustainability & Equity]
Leak from Our Hand

태재의 일년 : 우리는 무엇을 배웠나

2024년 11월 1일 초판 발행
2024년 11월 1일 초판 1쇄

지은이 : 태재대학교 1기 학생
펴낸이 : 염재호
펴낸곳 : 태재대학교 출판문화원

주소 : 서울시 종로구 창덕궁5길 22-8
이메일 : tjupress@taejae.ac.kr
출판등록 : 제 2024-000109호 (2024년 9월 24일)

ISBN 979-11-989707-1-8
책값은 뒤표지에 있습니다.